D1483701

Los siete secretos de las relaciones sanas y felices

DON MIGUEL RUIZ JR.
HEATHERASH AMARA

LOS SIETE SECRETOS DE LAS RELACIONES SANAS Y FELICES

URANO

Argentina – Chile – Colombia – España
Estados Unidos – México – Perú – Uruguay

Título original: *The Seven Secrets to Healthy, Happy Relationships*
Editor original: Hierophant Publishing, San Antonio, Texas
Traducción: Camila Batlles Vinn

1.ª edición Abril 2019

ISBN: 978-84-16720-65-1
E-ISBN: 978-84-17545-63-5
Depósito legal: B-4.396-2019

Fotocomposición: Ediciones Urano, S.A.U.

Impreso por: Rotativas de Estella – Polígono Industrial San Miguel
Parcelas E7-E8 – 31132 Villatuerta (Navarra)

Impreso en España – *Printed in Spain*

Para todos aquellos a los que hemos amado
y que nos han amado.

El amor no tiene que ver con bienes, diamantes y regalos.
Tiene que ver con compartirte con el mundo que te rodea.

PABLO NERUDA

Índice

Introducción

¿Y te diré que estos tres vivieron felices para siempre? No te lo diré..., pero hubo felicidad. Y vivieron.

STEPHEN KING

«Felices para siempre.»

Con estas tres palabras se crea todo un universo de expectativas sobre las relaciones. Mediante este concepto de cuento de hadas y otros parecidos, nos inculcan en la mente la idea de que cuando tengamos una relación sólida y duradera nuestra vida será maravillosa, todo será perfecto y habremos *llegado* por fin a nuestro destino.

Pero, claro está, todos sabemos que las relaciones son algo más complicadas.

Como seres humanos, la mayoría deseamos gozar de unas relaciones que nos satisfagan, puesto que forman parte integral de nuestro viaje. Nos ofrecen un sinfín de medios de aprender, crecer y divertirnos, y constituyen los cimientos sobre los que la mayoría construimos una familia y una comunidad. Sin embargo, como sabemos, las relaciones no siempre son «un lecho de rosas».

Las relaciones sentimentales pueden transportarnos del éxtasis más sublime a la más profunda desesperación con una sola palabra o mirada de la persona que amamos. Pueden elevarnos a grandiosas cimas de claridad, pasión y generosidad o sumirnos de golpe en un pozo lleno de temor, sufrimiento, confusión y juicios negativos.

Las relaciones sentimentales pueden ser muy complicadas en estos tiempos de constante evolución. La institución del matrimonio comenzó como un acuerdo económico y social que no se centraba en el amor. Incluso en nuestros tiempos modernos, hasta hace relativamente poco todos desempeñábamos unos roles sexuales claramente definidos en una relación. Idealmente, las mujeres se quedaban en casa para ocuparse de los hijos y el hogar mientras los hombres trabajaban para mantener a la familia. Es fácil observar dónde pueden fallar estos roles: no sólo son sustancialmente estereotípicos e injustos, sino que eran discriminatorios en cuanto a clase social, puesto que sólo las familias de clase media y alta podían permitirse que sólo un miembro de la pareja trabajara para aportar los ingresos familiares. Incluso cuando tanto el padre como la madre tenían que trabajar, las oportunidades de empleo eran, y en cierta medida aún lo son, más favorables para los hombres. Aunque estas rígidas definiciones de las relaciones no procuraban felicidad, aportaban cierta estabilidad y continuidad que resultaba reconfortante.

Hoy estamos a las puertas de un mundo nuevo de relaciones, en particular las relaciones sentimentales. Aunque apreciamos la belleza de una vasta frontera sin reglas, ello no impide que tengamos que afrontar el problema de la escasa orientación o apoyo de que disponemos acerca de cómo comportarnos. Por este motivo, tendemos a aplicar de modo inconsciente las viejas reglas y expectativas de nuestros padres, y de nuestra cultura y religión a nuestras relaciones, ¡aunque no estemos conscientemente de acuerdo con ellas! Elegimos a nuestras parejas en función de nuestras hormonas y posibilidades, para descubrir, cuando la chispa de la novedad del amor se disipa, que no tenemos ni idea de cómo comunicarnos ni afrontar los problemas que surgen. Y, puesto que no nos han enseñado a ser artistas creativos y curiosos respecto de nuestras relaciones, nos sentimos frustrados en nuestras expectativas y desarrollamos los mismos patrones y conflictos cuando las relaciones cambian.

Este libro se generó en parte con el fin de abordar la búsqueda de conocimientos. En nuestro trabajo, oímos muchas de las mismas quejas reiteradas por personas que buscan una orientación sobre cómo hallar y conservar una relación sana. Los problemas más comunes comprenden todo tipo de situaciones. Desde «Mi pareja no sabe expresar sus emociones» hasta «Mi pareja ya no me atrae físicamente», y «Tengo la sensación de que mi pareja quiere controlarme».

Estas son algunas de las preguntas específicas que nos formulan:

❖ ¿Cómo puedo comunicar mis verdaderos sentimientos a mi pareja sobre temas en los que no estamos de acuerdo?

❖ ¿Cómo puedo volver a confiar en mi pareja y amarla después de una aventura sentimental u otro abuso de confianza?

❖ ¿Cómo puedo apoyar a mi pareja en la senda que ha emprendido sin comprometer la mía?

❖ ¿Cómo puedo lograr que mi pareja crezca conmigo mental, emocional y espiritualmente?

❖ ¿Cómo puedo volver a sentirme emocionalmente unida a mi pareja?

❖ ¿Cómo puedo reavivar la química sexual que teníamos?

❖ ¿Cómo sé si ha llegado el momento de abandonar esta relación?

❖ ¿Cómo puedo atraer a una pareja que no encaja con los mismos patrones que en mi pasado?

Como comprobarás en las siguientes páginas, las respuestas a estas preguntas residen en sanar tu pasado, aprender nuevas estrategias para el presente y visualizar tu futuro con claridad. Para ello necesitamos nuevas directrices. Nuestro propósito al escribir este libro es que sirva de guía.

Dado que la mayoría de personas nos hemos dejado engañar por alguna versión de los viejos y numerosos cuentos de hadas o mitos, como el huidizo concepto de «felices para siempre», uno de nuestros objetivos es ayudarte a detectar y deshacerte de cualquiera de tus mitologías personales que no te ayudan a abrirte a nuevos territorios de autoexploración, creatividad y, lo que es más importante, amor incondicional.

A nuestro entender, el amor incondicional es el ingrediente clave de unas relaciones sanas y felices, y aquí queremos compartir contigo los secretos para incorporar el amor incondicional a todas tus relaciones. Pero para incorporar el amor incondicional a nuestras relaciones, en primer lugar debemos tomar nota de dos obstáculos principales que nos impiden experimentarlo: la domesticación y el amor condicional. Más concretamente, la domesticación inconsciente y la adherencia a la práctica del amor condicional conducen a la mayoría de problemas que experimentamos en nuestras relaciones. Permítenos explicarnos.

Gran parte de lo que aprendemos sobre las relaciones es fruto de nuestra *domesticación*, o el sistema mediante el cual aprendemos las formas de comportamiento aceptables en la sociedad. En lo que respecta a las relaciones, esto significa que aprendemos lo que se supone que debemos conseguir, cómo debemos comportarnos y lo que podemos esperar de una multitud de pistas, acciones y pautas. Esto comporta las ideas que obtenemos de películas, canciones y la televisión, así como lo que observamos en la conducta de nuestros padres y otras personas durante nuestra infancia y adolescencia.

Para gozar de una relación auténticamente sana y feliz, debemos estar dispuestos a analizar las ideas con las que nos han domesticado, porque, como probablemente sepas, muchas de esas ideas no funcionan. Incluso la susodicha frase de «felices para siempre» es un ejemplo de una idea con la que nos domesticaron a muchos de pequeños para que creyéramos en ella. De adultos, la mayoría nos damos cuenta de que esta idea no describe las relaciones con exactitud. Sin embargo, seguimos aferrándonos a ella, a veces de forma sutil o incluso inconsciente.

Entre otros ejemplos de ideas domesticadas en lo tocante a las relaciones cabe destacar «Debo ser la persona que mi pareja desea que sea» o «Sólo seré digna de amor y aceptación si presento un determinado aspecto o me comporto de cierta forma». Existen muchas más ideas de este tipo que giran a nuestro alrededor desde que somos pequeños.

Estas domesticaciones conducen a lo que nosotros llamamos *amor condicional*. Está claro que la mayoría de personas no lo llaman amor condicional, sino, simplemente, amor. Esto demuestra lo atrapados que estamos en este patrón de domesticación. Por ejemplo, ¿te suenan algunas de las siguientes actitudes? Quizá las hayas oído de una fuente externa, como tu pareja, pero también en tu diálogo interno.

❖ Te amaré si… haces que me sienta bien conmigo misma.

❖ Te amaré si… me haces ciertas promesas y las cumples siempre.

❖ Te amaré si… me dices que tú también me amas.

El corolario de estas frases, por supuesto, es que si no haces estas cosas no mereces que te amen. Te quedarás sola, sintiéndote indigna y llena de defectos. Así, el amor puede asumir en nuestras relaciones las características de control y posesión. Eso no significa que no exista al mismo tiempo un amor real en esas relaciones —por supuesto que puede existir—, pero cuando imponemos condiciones a nuestro amor, siempre acaba en sufrimiento para nosotros y los demás.

Conviene señalar que no todas las domesticaciones son negativas. A la mayoría de personas nos han domesticado para asumir ideas como «sé amable con los demás», «di la verdad», etcétera. Parte de la base para gozar de una relación sana y feliz es tomar nota de todas tus domesticaciones y *analizar cuáles son válidas para ti y cuáles no.*

Un claro ejemplo es la vieja idea, con numerosas connotaciones religiosas y sociales, de que «las parejas deben casarse antes de mantener relaciones sexuales». Por supuesto, muy pocas personas la practican en el mundo moderno: piensan que esta domesticación no es válida o útil para ellas. Es importante señalar que tu mente puede seguir creyendo esta domesticación, incluso cuando tu corazón no la acepte. Por consiguiente, mantendrás relaciones sexuales antes de casarte y más tarde te lo reprocharás aunque pienses que te has deshecho de esta creencia. Queremos aclarar que en última instancia no importa si rechazas o aceptas esta creencia como válida en tu corazón y tu mente. Lo que importa es si tu rechazo o aceptación de esta creencia es lo que realmente deseas, no lo que te han programado o adoctrinado para que lo creas.

Aunque el amor condicional y las domesticaciones subyacentes pueden existir en cualquier tipo de relación, son nuestras relaciones sentimentales las que a menudo hacen aflorar lo mejor y lo peor de nosotros. A veces emerge un nuevo amor casi de forma mágica: lleno de posibilidades y profundamente sanador. Nos sentimos completamente vistos y apreciados, envueltos en el abrazo del amor. Sin embargo, incluso las mejores relaciones sentimentales pueden acabar marchitándose y muriendo si no son alimentadas como es debido, e incluso las más sublimes de estas relaciones pueden experimentar al cabo del tiempo un invierno de dolor, ira y conflicto.

Cómo utilizar este libro

Queremos aclarar que no definimos los principios citados en este libro como «secretos» porque estén ocultos. De hecho, quizá muchos te resulten familiares y estén relacionados con conceptos que has comenzado a explorar. Decimos que son secretos en el sentido de que constituyen puntos focales, medios para orientar nuestra percepción y nuestras acciones hacia cauces productivos que conduzcan a conexiones más profundas y significativas. Parte del secreto, como comprobarás, reside en el arte de poner en práctica estas ideas en nuestra vida, día tras día y año tras año, conscientes de cuando nos desviamos del rumbo establecido y capaces de retomarlas de nuevo.

A fin de cuentas, las relaciones no se forjan solas ni continúan felizmente con piloto automático después de comenzar. Si enfocamos nuestro viaje con la persona que amamos como navegar juntos por el mar abierto, comprenderemos las capas de complejidad que comporta. Si permanecemos sentados en la embarcación en actitud pasiva, confiando en que no se produzca ninguna incidencia durante la travesía, estamos abocados al desastre. Si nos entregamos a la totalidad de la experiencia —y estamos dispuestos a realizar el esfuerzo que sea necesario—, penetramos en el ámbito del compromiso y la conexión conscientes. Aquí es donde comienza nuestro auténtico viaje.

Los siete secretos de las relaciones sanas y felices —compromiso, libertad, concienciación, sanación, alegría, comunicación y liberación— pueden ayudarte en cualquier estadio de tu relación íntima, tanto si llevas muchos años con una persona como si estás soltera y deseas prepararte para una relación.

Los primeros tres —compromiso, libertad y concienciación— son lo que llamamos los secretos fundamentales. En nuestra opinión, forman la base sobre la que se erigen todas las relaciones sanas. A medida que leas los capítulos dedicados a ellos, quizás observes algunas áreas en tu pensamiento y tus acciones respecto de las relaciones que conviene mejorar. La buena noticia es que la información contenida en este libro te enseña cómo reparar los cimientos defectuosos, sustituyendo viejas ideas y creencias con unas vigas de soporte nuevas y más resistentes para seguir avanzando.

Los tres secretos siguientes —sanación, alegría y comunicación— son transformativos. Cuando incorpores las enseñanzas y las herramientas que te ofrecemos en estos capítulos a tus interacciones con otras personas, podrás mejorar y reforzar una unión sólida ya existente o incluso reconstruir el entramado de las estructuras más dañadas, transformándolas en una forma de ser limpia, espaciosa y resistente.

El último secreto —liberación— te orienta sobre cómo alimentar tu relación de forma constante. En estas páginas aprenderás las técnicas para llevar a cabo el mantenimiento y procurar el sustento necesario a tu relación con el fin de preservar su solidez, incluso en momentos de cambios y adversidades.

Aunque buena parte de lo que decimos se centra en las relaciones sentimentales, lo cierto es que estos siete principios pueden ayudarte a crear conexiones más profundas y significativas en *todas* tus relaciones. A medida que expandimos nuestras capacidades dentro de nuestras relaciones, obtenemos recompensas que nos benefician a nivel personal. Según nuestra experiencia, invertir en las relaciones más importantes para nosotros nos ofrece potentes oportunidades de crecimiento personal.

Esto requiere esfuerzo, presencia y aprender nuevas técnicas. Todos llegamos a una relación con una maleta llena de nuestra historia y nuestro sufrimiento, nuestras heridas emocionales y nuestros temores. Empezamos aprendiendo a vernos a nosotros mismos como artistas, desarrollamos técnicas de creatividad, nos liberamos fervientemente de lo que ya no nos sirve y creamos nuestra singular versión de las relaciones en tanto que arte.

En este libro hemos aunado las experiencias, los errores y las celebraciones de dos personas versadas en el arte de las relaciones. Somos dos individuos, pero hemos optado por hablar con una sola voz para simplificar y porque así es como impartimos nuestras enseñanzas. Ambos hemos dedicado nuestra vida a perseguir nuestra verdad y nuestra libertad personales, y estamos de acuerdo en que las relaciones son uno de los catalizadores más potentes para el crecimiento personal.

Por otra parte, somos muy distintos. Miguel está felizmente casado con su esposa desde hace quince años, Susan, y es padre de dos hijos, Audrey y Alejandro. HeatherAsh está felizmente divorciada y es bisexual, a veces poliamorosa y otras monógama. A la vez que compartimos historias de personas que conocemos, también recurrimos en cada capítulo al arsenal de nuestras propias experiencias en materia de relaciones, relatando lo que hemos aprendido del desengaño amoroso y de amar de forma vulnerable, a través de conflictos y celebraciones.

Conforme describimos los siete secretos para gozar de unas relaciones sanas y felices, te pedimos que revalúes algunas de las cosas que has aprendido sobre el amor. A fin de asimilar correctamente estas enseñanzas, debes estar dispuesta a liberarte de las viejas historias de tu visión infantil del amor, junto con tus expectativas manifiestas u ocultas respecto de las personas que amas y tu foco sobre lo que deberían o no deberían hacer. Este foco sobre lo que tu pareja hace es un pensamiento tan dominante que a menudo nos preguntan en nuestros talleres cosas como: «¿Qué puedo hacer para que mi pareja cambie su forma de comportarse?» Aunque entendemos la buena intención que suele acompañar este tipo de preguntas, queremos dejar claro una cosa antes de comenzar: no puedes cambiar a nadie. Sólo puedes cambiar tú. No hay lugar más difícil donde practicar esta verdad intrínseca que en tus relaciones más íntimas.

Si has abierto este libro confiando en hallar una herramienta mágica para cambiar a tu pareja, te llevarás una decepción al leer las siguientes páginas. Dicho esto, te invitamos a unirte a nosotros en este viaje con la mente abierta, pues quizá compruebes que lo único que necesitas para ser feliz es cambiar tú misma.

Estas páginas están llenas de experiencias y aplicaciones prácticas para mejorar todas tus relaciones, en especial las relaciones íntimas. Esto comporta ayudarte a crear una relación íntima que alimente tu corazón y tu alma. Al final de cada capítulo incluimos una sección con más exploraciones que tú misma puedes practicar. Asimismo, este libro no es un manual tradicional sobre cómo gestionar una relación, puesto que cada relación es única al igual que las personas que la componen. No existe una forma adecuada de gestionar una relación, ni unas reglas estrictas que conduzcan a la felicidad eterna.

Tanto si eres soltera como casada, célibe, poliamorosa, hetero, gay, lesbiana, bisexual o como prefieras identificarte, te damos la bienvenida. La intimidad empieza por tu relación contigo misma y se amplía aceptando y honrando tus elecciones y deseos. No existe un método para transitar esta senda hacia unas relaciones sanas y felices; sólo existe *tu* método.

En los cuentos de hadas de nuestra infancia se utiliza la frase «felices para siempre» para indicar el fin de la historia, pero por lo que respecta a nosotros, y a las pautas que ofrecemos en este libro, «felices para siempre» señala sólo el comienzo de una nueva historia: la historia de tu relación sana y feliz contigo misma y la persona que amas. Confiamos en que esto te sirva de guía para introducirte en el flujo del amor, contigo misma, con la persona que amas, con tu familia y con la vida.

LOS SECRETOS
FUNDAMENTALES

I

El secreto del compromiso

Si has construido castillos en el aire, tu labor no se perderá: ahí es donde deben estar. Ahora, coloca los cimientos debajo de ellos.

HENRY DAVID THOREAU

Piensa en una época en que eras adolescente, cuando muchas personas nos sentimos torpes y vulnerables. Nuestras hormonas están revolucionadas. Estamos invadidos por nuevos deseos y bloqueados por viejos temores. ¿Me verán? ¿Me comprenderán? ¿Me amarán? Durante esta época, a menudo nos convencemos de que, si pudiéramos hallar a alguien especial que fuera nuestra pareja, todo iría bien en el mundo.

En nuestras primeras incursiones en las relaciones sentimentales, para bien o para mal, muchos nos comprometemos a hacer ciertas cosas que posteriormente nos crean serias dificultades:

❖ Nos comprometemos a hacer feliz a una persona especial.

❖ Nos comprometemos a decir a esa persona especial lo que desea oír.

❖ Nos comprometemos a presentar cierto aspecto y comportarnos de cierta manera para complacer a esa persona especial.

❖ Nos comprometemos a ser la persona que imaginamos que esa persona especial desea que seamos.

No es difícil imaginar cómo acaba esto. Cada uno de estos compromisos es nuestra forma de buscar aprobación, atención y amor. Pero cada paso que damos en esta dirección nos aleja de los fundamentos que todos los seres humanos necesitamos para ser felices y estar sanos: satisfacción, autoaceptación y autoamor.

Sin embargo, estos compromisos adolescentes son casi universales. Lo cual es normal. Forman parte de nuestro desarrollo y descubrimiento de nosotros mismos, y pueden ser un buen punto de partida cuando iniciamos nuestro viaje de autodescubrimiento. El problema es que muchas personas siguen aplicando esas viejas ideas y prácticas a nuestras relaciones de adultos, incluso cuando tenemos veinte, treinta, cuarenta o más años. Si no sustituimos esas primeras ideas con otra forma de hacer las cosas y otros tipos de compromiso, más tarde podemos tener graves problemas en nuestras relaciones.

Quizás estés leyendo esto y pensando: «Yo no soy así, no hago esas cosas». Pero el hábito de alterar tu verdadera personalidad por la de otra persona es sutil y difícil de eliminar, incluso para quienes venimos realizando una labor interior desde hace años. Pregúntate con sinceridad: ¿no buscas a veces en la persona amada, o posible persona amada, unas pistas sobre quién deberías ser y cómo deberías comportarte?

La domesticación, o las formas en que nos inducen a comportarnos que la sociedad considera aceptables, ha jugado un importante papel en el desarrollo de la idea de que debemos comprometernos a cambiar para hacer feliz a otra persona. Los medios de comunicación definen continuamente este tipo de conducta como normal, necesaria e incluso beneficiosa a la hora de hallar esa persona especial, en particular la persona especial con la que desearíamos compartir un compromiso de por vida. Piensa en el filme *Jerry Maguire*, en el que Tom Cruise, que hace el papel de Jerry, dice: «Tú me completas».

Cuando lo dice, vemos la creencia subyacente del personaje: si sólo puede sentirse completo a través de su relación con la persona amada, significa que de lo contrario es esencialmente incompleto. Sin embargo, en nuestra opinión, y según la antigua sabiduría de muchos otros, todos somos *completos*, aquí y ahora. De hecho, no tenemos que ser otra cosa que lo que somos en este momento. El objetivo de unas relaciones sanas y felices es formar una auténtica relación de pareja en la que compartir las alegrías y los sufrimientos del hecho de ser humanos.

Dicho esto, plantéate esta idea radical acerca del compromiso: ¿y si esa persona especial con la que te comprometes —al margen de qué otra cosa u otra persona aparezca— fueras *tú*?

El verdadero secreto del compromiso en las relaciones es que todo comienza con un compromiso *contigo mismo*. Esto es fundamental porque, si no honramos quiénes somos, es imposible que honremos a los demás. La mayoría de personas, tanto si llevamos veinte años en una relación como si estamos buscando una, debemos aprender a comprometernos auténtica, profunda y plenamente con nosotros mismos, por encima de todo. Pero ¿qué significa esto realmente? ¿Y cómo podemos conseguirlo?

El compromiso contigo misma empieza abandonando las ideas de que debes cambiar para ser amada y que necesitas que otra persona te ame para sentirte completa. Cada vez que tratas de sentirte completa gracias a la aceptación de otra persona, te alejas de ti misma. Aunque pienses que esto puede funcionar a corto plazo, como cuando una relación es nueva y todo parece mágico, lo cierto es que con ello sólo evitas afrontar la situación. Es decir, estás postergando el problema en lugar de afrontarlo, con lo que sólo consigues que éste aflore de nuevo en el futuro. En cierto momento de nuestra vida, todos debemos enfrentarnos a nosotros mismos directamente y aprender a aprovechar lo que encontramos.

Este compromiso contigo misma continúa cuando prescindes de los juicios de valor en favor de la compasión, cuando dejas de sentirte una víctima para mostrarte sinceramente vulnerable y cuando dejas de pensar en la persona que crees que los otros desean que seas para descubrir quién eres ahora.

Queremos compartir contigo las tres herramientas que son fundamentales a la hora de comprometerte contigo misma: romper con tu juez, romper con tu víctima y reivindicar qué deseas experimentar más en tu vida.

Romper con tu juez

¿Has oído alguna vez esa perniciosa voz en tu mente? Te dice que no eres suficientemente buena y te disuade de que intentes algo nuevo porque puedes «fracasar». En lo tocante a las relaciones, es la voz que te recuerda tus errores del pasado y te regaña por haberlos cometido. Por supuesto, es tu propia voz, pero esta es la parte de ti que denominamos el juez.

El juez suele aflorar cuando te sientes temerosa, sola o pesarosa o cuando experimentas otras emociones negativas. El juez también deja sentir su voz para responder a estímulos externos, como cuando ves una escena en una película que te recuerda el «error» que cometiste en una relación o cuando estás con una persona que te recuerda a tu ex. En estos momentos, el juez se apresura a recordarte que has «fracasado».

Frases como «si no me hubiera divorciado/casado con esa persona, mi vida sería más agradable» o «si tuviera un cuerpo como el de ella/él, me sentiría más feliz» son juicios de valor muy comunes que muchas personas se dicen a sí mismas, aunque, como es lógico, varían de una persona a otra. Este tipo de sentencias provienen de nuestro juez, y nunca son útiles en el desarrollo de una relación sana y feliz con nosotros mismos.

Lo que muchas personas no saben es que la forma en que hablas contigo misma afecta tus relaciones con los demás. A modo de ejemplo, piensa en los siguientes escenarios.

Jan es una profesional muy competente que se enorgullece del trabajo que hace para sus clientes, pero el día en que las cosas se tuercen en el trabajo se censura por ello, a veces sin darse cuenta. La voz del juez en su mente le dice que si su trabajo no es perfecto, no vale nada, y si su trabajo no vale nada, ella tampoco. Esto genera a menudo una espiral de pensamientos análogos, que comienzan con el fallo que se produjo en el trabajo y terminan con ataques e insultos contra su valía personal. Esta autoflagelación agrava su estado de ánimo, lo cual repercute en la relación con su pareja. Debido a la carga de negatividad que se ha creado en Jan por prestar atención a su juez, cuando regresa a casa del trabajo se muestra malhumorada con su pareja o no tiene ganas de relajarse y divertirse.

Cuando Jan empezó a percatarse de su juez interior y el efecto que tenía sobre su estado de ánimo, cambió. Se comprometió a mostrarse compasiva consigo misma en lugar de juzgarse. Su pareja también se benefició de ese cambio, que fue el resultado de que Jan se comprometiera en primer lugar consigo misma.

Cuando escuchas a tu juez interior y le haces caso sueles tender a juzgar también a tu pareja. Imagina que tú y tu pareja os habéis comprometido a ahorrar con un determinado fin. Tu juez establece una serie de reglas respecto del dinero, elogiando cada céntimo que ahorras y censurándote por gastarlo en algo que no sea de estricta necesidad. Esto marca la tónica de las reglas que tú y tu pareja debéis seguir, tanto si las habéis elaborado juntos como si no. Dices a tu pareja que quieres que «deje de gastar dinero en frivolidades» y tu juez aprueba esta medida. A fin de cuentas, has expuesto con claridad tus necesidades y expectativas, ¿no? Pero con este tipo de mensaje, más pronto o más tarde tu juez chocará con el bienestar de tu relación. Nadie puede satisfacer las demandas de tu juez interior, ni tú ni tu pareja. El juez no tarda en pasar por alto los valores positivos de la decisión que tú y tu pareja habéis tomados juntos —el entusiasmo de unos objetivos compartidos, el toma y daca de una buena comunicación— y los sustituye por su versión «objetiva» de los hechos. Esta es una receta segura para crear resentimiento.

Nuestro juez es también quien nos obliga a acatar nuestras ideas domesticadas de perfección. A la hora de comprometernos plenamente, uno de los factores clave con los que muchos luchamos es el sentimiento de ser indignos. ¿Cómo podemos comprometernos con nosotros mismos cuando somos imperfectos en tantos sentidos? El juez que llevamos dentro nos ayuda a crear una imagen de perfección que utilizamos como vara de medir contra nosotros mismos: «yo soy así» contra «así es como debería ser». Esta brecha que se produce en nuestra mente nos lleva a rechazarnos o abandonarnos hasta que alcancemos la perfección. Nos decimos: «Si pudiera tener este aspecto», o «Si pudiera conseguir esto» y sólo entonces nos sentiremos lo bastante satisfechos con nosotros mismos para aceptarnos.

Puesto que rara vez alcanzamos esas expectativas de «perfección», nos rechazamos una y otra vez. (Y aunque logremos alcanzar la imagen de perfección, la mayoría utilizamos esa ocasión para elevar aún más el listón.) Esto crea un círculo vicioso, a medida que nuestro autorrechazo nos hace temer que los demás también nos rechacen. Confiamos en que alguien nos ayude a sentirnos conectados, amados y completos, pero al mismo tiempo nos aterra sentirnos rechazados, abandodonados o juzgados (porque es lo que nos hacemos a nosotros mismos). A fin de mitigar ese peligro, nos comprometemos a cambiar para convertirnos en lo que imaginamos que los demás desean que seamos. El problema es que durante este proceso nos perdemos.

¿Cómo podemos romper este ciclo? El compromiso con nosotros mismos empieza por aceptarnos y amarnos *tal como somos ahora*. Es tan sencillo, y complejo, como eso. Dejamos de pensar en quién creemos que deberíamos ser, quién deseamos ser y quién creemos que las otras personas en nuestra vida desean que seamos. Este es el primer paso para comprometernos con nosotros mismos.

El compromiso con nosotros mismos continúa cuando tomamos la decisión de romper con el juez. Esto no es empresa fácil. Para la mayoría de personas, nuestra relación con nuestro juez es una de las relaciones más largas que mantenemos.

La importancia de la compasión

Romper con el juez empieza por tomar nota de cuando habla. Para muchas personas, nuestro diálogo interno es increíblemente negativo, en especial en el área de las relaciones. Estamos tan vinculados con nuestro juez, que cuando habla (siempre con nuestra propia voz) cometemos el error de confundir esos juicios con hechos y nos castigamos sin piedad.

Lee las siguientes frases y piensa en si te has dicho algo similar últimamente:

❖ «Soy una estúpida. ¡Es increíble que haya vuelto a hacer eso!»

❖ «¡Tengo las piernas/caderas/muslos/o lo que sea demasiado gordos! Nadie se enamorará de mí.»

❖ «Soy un desastre. Nunca conseguiré hacer esto bien.»

Estas son algunas de las formas en que nuestro juez interior habla, y cuando lo hace, a menudo no nos percatamos del daño que nos hacemos a nosotros mismos.

A veces nuestro juez aparece disfrazado de «amigo que quiere ayudarnos». Por ejemplo, si no prestas atención, tu juez puede convertir sin que te percates de ello cualquier práctica espiritual o de autoayuda en una herramienta de autoflagelamiento. Nos reprochamos no ser lo bastante compasivos o comprensivos o no amarnos a nosotros mismos lo suficiente. De esta forma, podemos convertir cualquier principio positivo de transformación en una herramienta de rechazo, instigados por nuestro juez.

Pero ten en cuenta que esta ruptura no tiene que ver con silenciar al juez u obligarlo a desaparecer, porque ese acoso dirigido contra ti misma no es sino otra forma de juzgarte. Si utilizas este tipo de técnica estarás juzgando al juez, ¡que sigue juzgándote!

El primer paso para liberarte del poder de tu juez es dar un paso atrás, ser consciente de la conducta del juez y compadecerte de él en lugar de condenarlo. Cuando creas una pequeña separación entre ti y esa voz negativa, puedes empezar a sentir una profunda compasión por la forma en que te has tratado. En lugar de prestar atención a ese odio y temor interior, a ese autosabotaje, aceptándolos como hechos, procura contemplarlos como juicios negativos. El mero hecho de tomar nota de ellos representa un paso hacia una nueva forma de ser basada en la aceptación, el apoyo y el amor.

Cuando oigas a tu juez, en lugar de combatirlo debes decirte: «Hoy no voy a tratarme así. Voy a quererme, incluso a mi juez interior». Luego, recuérdate que puedes optar por focalizar tu atención una y otra vez en el tipo de relación que deseas desarrollar contigo mismo: la de tu mejor amigo, que está totalmente entregado a ti. Así, utilizas esos juicios negativos a modo de indicadores de que debes redirigir tu atención hacia el amor. Esto no silenciará al juez, que seguirá apareciendo, pero cada vez que lo haga escucharás lo que dice con compasión y optarás por rechazar los juicios negativos y centrarte en el amor.

Recuerda: cambiar tu relación interior contigo misma requiere tiempo. Cuando empieces a tomar nota de los momentos en que no te tratas con benevolencia, procura preguntarte: «¿Qué diría a mi mejor amiga, o a una persona a la que quiero, que se encontrara en esta misma situación?» Abordaremos de nuevo estos juicios negativos en un capítulo posterior sobre sanar, pero de momento basta con que tomes nota de ellos e inicies el proceso de ruptura optando por quererte y alentarte.

Romper con nuestro juez nos permite transformar nuestra relación con nuestro crítico interior más negativo. Cuando dejamos de rechazarnos y autocensurarnos, tenemos por fin la oportunidad de escuchar la voz de nuestras auténticas necesidades y deseos. Pero, antes de poder reivindicar lo que deseamos realmente, tenemos que hacer otra cosa: romper con nuestra víctima interior.

Romper con tu víctima

Ahora que has hallado a tu juez, ha llegado el momento de localizar a tu víctima. ¿No crees que tienes una víctima? Bien, lo cierto es que no puedes tener un juez sin tener una víctima, y no puedes tener una víctima sin tener un juez, puesto que ambos forman parte de la misma moneda. Si el juez es esa voz crítica que dice cosas como «No eres lo bastante buena» o «Nadie se enamorará de ti», la víctima es la parte de ti que escucha, cree y se siente mal al hacer caso del juez. Acepta la culpa y la reprimenda sin rechistar. Romper con tu víctima empieza por cuestionar los comentarios negativos de tu juez en lugar de creer en ellos a pies juntillas.

La buena noticia es que cualquier intento que hagas por romper con uno te ayudará en tu intento de romper con el otro. Además de tomar nota cuando tu víctima interior acepta lo que tu juez dice sin cuestionarlo, quizá seas consciente también de las persistentes historias de victimismo que has asumido. Por ejemplo, una historia muy común es: «Si no hubiera sucedido esto o lo otro, mi vida sería ahora más agradable». La víctima está tan convencida de esta historia que ya no parece un juicio de valor, sino una realidad.

El hecho de arrepentirnos de hechos pasados constituye una de las principales fuentes de combustible para nuestra víctima interior. A medida que nos esforzamos en limitar la influencia de nuestra víctima, conviene recordar cualquier hecho que protagonizaste o decisión que tomaste en el pasado del que ahora te arrepientes. El proceso de replantearte estos «malos» momentos es muy útil a la hora de desprenderte de tu víctima y comprometerte contigo mismo.

Elige una experiencia que quieras replantearte y piensa en todas las razones por las que esa elección o acontecimiento fue beneficioso para ti. Ten presente que este puede ser un ejercicio muy difícil si has sufrido algún tipo de malos tratos, pero lo importante aquí es reivindicar tu poder recordando las cosas positivas que te han sucedido, incluso como consecuencia de experiencias dolorosas. Por ejemplo, si has vivido un divorcio, tu lista de experiencias que quieres replantearte quizás incluya cosas como: «He aprendido que puedo depender de mí misma, que me quiero y me apoyo».

Otro rasgo típico de la víctima es cuando rechazamos toda responsabilidad, fingiendo que no hemos desempeñado ningún papel en una determinada situación y achacando la culpa a otros. No obstante, comprometerte contigo misma significa responsabilizarte en parte de todo lo que te ha ocurrido en la vida. Puede que esta idea te disguste, pero cuando aceptas tu responsabilidad reivindicas tu poder sabiendo que al menos puedes elegir cómo responder a las situaciones que se plantean en tu vida.

Quizá no elijamos las circunstancias, pero siempre podemos elegir cómo responder a ellas. Esto queda de manifiesto en las relaciones sentimentales, en las que muchos tendemos a hacernos la víctima de una pareja que no está a la altura de nuestras expectativas (¡sobre todo cuando pensamos en lo que hemos hecho por ella!) Este es un ejemplo de esos viejos compromisos adolescentes que hemos mencionado antes: nuestra tendencia de adultos a tratar de cambiar para convertirnos en otra persona, para ser, decir o parecer lo que creemos que otros desean que seamos, digamos o tengamos. Cuando nuestra pareja no nos devuelve el favor tratando de cambiar también, nos quejamos de que no nos sigue el juego. Cuando se comporta de forma que nos desagrada, decimos que ni siquiera lo intenta. Ni siquiera trata de cambiar como nosotros tratamos de hacerlo. Nos enfurecemos y nos hacemos la víctima: «*¡Cómo puede hacerme esto! ¡Con lo que yo he hecho por él (o ella)!*» Muchos tenemos alguna versión de esta curiosa danza en nuestras relaciones. Pero no tenemos que seguir comportándonos de esta forma.

Cuando te comprometes contigo mismo, comprendes que eres responsable de tu felicidad y que los otros son responsables de la suya. Está claro que debemos ser considerados y querer hacer felices a las personas a las que amamos, pero cuando exigimos que la otra parte nos devuelva el favor, dejamos de amar con el corazón para amar de forma condicional.

Comprometerte contigo mismo

Si romper con tu juez requiere asumir una actitud serena, amable y compasiva con esa parte de ti misma, romper con tu víctima a menudo requiere una energía distinta. En este caso tienes que afrontar el problema y responsabilizarte de los acontecimientos de tu vida. Comprometerte contigo misma coloca la responsabilidad sobre tus hombros. Esto no justifica que los demás se comporten de modo inaceptable, pero demuestra que podemos elegir cómo respondemos a ese tipo de comportamiento. Para muchas personas, esto resulta al mismo tiempo liberador y aterrador.

Tenemos una amiga común que hace muchos años mantenía una relación con una persona que la maltrataba físicamente. Al cabo de un tiempo nuestra amiga fue a consultar a un terapeuta, quien durante la primera entrevista que tuvieron le preguntó: «¿Le gusta que la golpeen?» Nuestra amiga contestó indignada: «¡Por supuesto que no! ¿Por qué me pregunta eso?» El terapeuta la miró a los ojos y respondió: «Porque aún mantiene esa relación».

Nuestra amiga se quedó de piedra, comprendiendo que lo que decía el terapeuta era en parte verdad. Tenía que dar el difícil paso de afrontar su disposición a ser una víctima. Aunque cada relación es única, este comentario fue una advertencia para nuestra amiga, que se apresuró a liberarse de esa relación.

Más frecuente es el sutil victimismo que adoptamos cuando queremos que nuestra pareja sea distinta de cómo es. «Si al menos le gustara eso…», «Si pensara en eso…» Cada una de estas frases representa una de las muchas formas en que cedemos nuestro poder. Si renunciamos a esta mentalidad de víctima, recuperamos el poder de elegir cómo responder en lugar de sufrir automáticamente. Asimismo, honramos el valor intrínseco de nuestra pareja, no una versión imaginaria de quién pensamos que debería ser, sino como el ser humano real y completo que tiene derecho a ser.

A veces tu juez interior emite sus comentarios a tal velocidad que no los captas. O hace tanto tiempo que tienes esos comentarios interiorizados que los crees a pies juntillas: los has convertido en parte de quien eres sin siquiera darte cuenta. Cuando te sientas triste, irritable o ansiosa, comprueba si estás haciendo el papel de víctima en algún ámbito de tu vida. Si oyes tu voz interior lamentarse: «¿Por qué ha tenido que ocurrir esto?», o «¡Esto no debió ocurrir nunca!» o, sobre todo, la terrible frase: «Esto siempre me pasa a mí», detente. Escucha. Respira hondo. Reacciona. Protesta. Las víctimas se toman las cosas personalmente, así es como se crean. Recuerda, todos podemos elegir cómo reaccionar. Nada de lo que digan o hagan los demás es debido a ti. En lo que respecta al mal comportamiento de otros, recuerda que se da la circunstancia de que te hallas en la diana. Eres un daño colateral en su guerra con ellos mismos.

Cuando identifiques y empieces a trabajar con tu juez y tu víctima, te asombrará el cambio que experimentarán tus relaciones con los demás. A lo largo de este libro, exploramos los numerosos beneficios que obtenemos cuando empezamos a ver el lado positivo de las cosas y actuamos desde una posición que no es el juez ni la víctima. Y lo que es más importante, la decisión de comprometerte contigo mismo —de abrazar este primer secreto relativo a las relaciones— significa que asumes la responsabilidad por la parte que te corresponde, desde tu nariz hasta las puntas de tus pies, y nada más.

Reivindicar qué deseas experimentar más en tu vida

Cuando empiezas a romper con tu juez y tu víctima, te sientes libre para responder a la pregunta fundamental que está en el centro de tu compromiso contigo misma: «*¿Qué deseo experimentar más en mi vida?*»

Cuando te preguntas qué deseas experimentar más en tu vida, quizás observes que se te ocurren todo tipo de respuestas. Tal vez quieras que la persona con la que mantienes una relación sentimental se comporte de determinada forma. O, si no mantienes una relación sentimental en este momento, a lo mejor tienes una lista mental de lo que deseas en una futura pareja.

Sin embargo, en este momento preferimos que te centres en lo que deseas de una forma algo distinta. En lugar de centrarte en personas, lugares y cosas, intenta explorar los sentimientos que quieres crear en tu vida. Por ejemplo, ¿quieres experimentar más amor en tu vida? ¿Paz? ¿Benevolencia? ¿Emociones? ¿Generosidad? ¿Comunión? ¿Gratitud? ¿Autoaceptación? Aunque las «cosas» que deseas cambian continuamente a lo largo del tiempo, los sentimientos que quieres crear en tu vida rara vez cambian.

A lo largo de los años que llevamos impartiendo nuestras enseñanzas, muy pocas personas (por no decir ninguna) han expresado el deseo de sentir más temor, culpa, vergüenza y resentimiento en sus vidas. Sin embargo, esos son precisamente los sentimientos que tu juez y tu víctima crean en ti. Más que nunca, cuando nos centramos en los sentimientos vemos la importancia de romper con nuestro juez y nuestra víctima.

Pasar a la acción

Cuando hayas identificado los sentimientos que deseas experimentar, pregúntate qué pasos tienes que dar para incorporar una mayor cantidad de estos sentimientos en tu vida. Aquí es donde empieza la diversión: es el momento de echar mano de tu energía creativa y despertar tu sentido interior de asombro y espíritu lúdico.

Por ejemplo, si anhelas más amor, ¿cómo puedes incorporar ese sentido del amor a tu vida? Un buen punto de partida es cerrar los ojos y pensar en alguien o algo —puede ser un niño o una mascota— que te resulte fácil querer. Una persona que, cuando piensas en ella, te alegra el corazón y proporciona felicidad. Deléitate con ese sentimiento durante un rato. Siente el calor del amor y toma nota de las sensaciones en tu cuerpo. Luego trata de ampliar ese sentimiento de amor gozoso a ti misma. A partir de ahí, puedes dejar que tu mente explore y cree formas de incorporar un mayor sentido de amor a tu vida. Prepárate una deliciosa comida, da un paseo por la naturaleza o dedica tiempo a mimarte en otros sentidos.

He aquí la buena noticia: cuando decides pasar a la acción para procurarte más amor, empiezas a comprender mejor lo que realmente deseas en tu corazón, mediante la experiencia física y el sentimiento emocional de esos deseos. Entonces estarás mejor preparada para solicitar a los demás lo que deseas de ellos. Tienes que empezar por alimentarte a ti misma, responsabilizándote de proporcionarte el amor, la compasión y la ternura que anhelas. Esto te permitirá mostrarte más íntima, más presente y más alegre con los demás.

A medida que llenes tus reservas interiores con el amor, la paz y la generosidad que deseas profundamente, comprobarás que todas tus relaciones experimentan un cambio. Ya no tratas de obtener la aprobación de los demás ni sientes la falta de lo que necesitas. Esto te permite ser la mejor versión de ti misma y liberar tus acciones de modo que provengan de tu amor en lugar de tus juicios de valor o tu victimismo. Abraza esta hermosa y radical transformación mientras compruebas que puedes estar en paz con la persona que eres en estos momentos. A partir de ahí, puedes estar segura de que cualquier deseo de crear un cambio en tu comportamiento y tus circunstancias proviene del amor y el apoyo que te ofreces a ti misma, y no de las críticas negativas y el temor.

Comprometerte con otra persona

Comprometernos con nosotros mismos nos procura una excelente base desde la que podemos comprometernos con otros de una forma real. No debemos interpretar el compromiso con nosotros mismos como una senda para ser completamente independientes o un medio de fingir que no necesitamos a nadie. La verdad es que todos somos interdependientes. Toda noción de que podemos ser totalmente independientes se basa en el ego. Debemos seguir buscando un equilibrio entre el deseo de llenarnos nosotros mismos, encontrar el amor dentro de nosotros y reconocer que somos criaturas tribales, que formamos una comunidad y necesitamos amistad, afecto y amor.

Las personas que forman parte de nuestra vida son dones maravillosos, a los que honramos y de los que gozamos plenamente cuando estamos centrados y conectados con nosotros mismos. Así, comprometernos en una relación tiene que ver con elegir decir sí a otro ser humano con todo nuestro corazón abierto.

Una vez que estemos profundamente centrados en nuestro amor hacia nosotros mismos, podemos empezar a pensar en qué tipo de compromisos contraemos con otras personas. A continuación mostramos algunos compromisos fundamentales que podemos contraer en nuestras relaciones:

❖ Presentarnos.

❖ Permanecer presentes.

❖ Escuchar.

❖ Mostrarnos libres de prejuicios.

❖ Estar dispuestos a crecer.

❖ Ser amables.

❖ Ser cariñosos.

❖ Hacer las cosas lo mejor posible.

❖ Ayudarnos unos a otros con respeto mutuo.

Más allá de estos compromisos, podemos recurrir de nuevo a nuestro cerebro imaginativo y explorar nuestros auténticos deseos. Podemos llevar a cabo la difícil pero gratificante tarea de averiguar lo que realmente deseamos y a qué estamos dispuestos a comprometernos con el fin de gozar de una relación sana y feliz.

Al igual que cada persona es única, también lo es cada relación. Algunas personas están dispuestas a realizar compromisos a los que otras se niegan, lo cual es normal. Lo importante es que seas sincera y capaz de comunicar lo que estás dispuesta a aceptar y lo que no. (En el capítulo seis abordamos cómo comunicar esto de un modo efectivo).

Cuando hayas contraido compromisos firmes contigo misma, puedes ampliar tu radio de acción y centrarte en todas las relaciones que mantengas en tu vida. El primer secreto para una relación sana y feliz empieza por ti y tu compromiso contigo misma: abrazarte, romper con tu juez y tu víctima y decidir lo que deseas. Desde este punto de partida, este espejo cristalino, puedes comprometerte con otra persona en la medida en que ambos convengáis en hacerlo, con la mirada limpia y el corazón abierto.

Exploraciones

Comprometerte con tu autointención

Rituales, oraciones y mantras pueden ayudarnos a consolidar lo que deseamos manifestar en nuestra vida. Constituyen una expresión externa de un deseo interno; en este caso, tu deseo de reafirmar tu compromiso contigo misma.

Coloca una mano sobre tu corazón y la otra sobre tu vientre. Respira y lleva tu intención hacia tu interior.

Recita las siguientes palabras en voz alta:

Me comprometo a llevar a cabo una nueva relación conmigo misma. Me comprometo a aprender a amarme en este momento y ahora, tal como soy. Me comprometo a mostrarme compasiva, amable y profundamente cariñosa conmigo misma. Me comprometo a tratar de conocer al ser que soy ahora. Me comprometo a no abandonarme ni rechazarme nunca más; me comprometo a permanecer conmigo misma durante este viaje vital a mi propio paso y mi propio ritmo.

El hecho de decirte esto en voz alta expresa tu compromiso interior contigo misma. Es tu primer paso hacia un compromiso consciente contigo misma, una dedicación que incorporarás a tu relación con otros. Emprendes este viaje vital como una amiga y aliada de ti misma.

Visualización de los sentimientos

Vamos a hacer una visualización basada en los sentimientos para abordar esta forma de relacionarnos con nosotros mismos.

Haz una lista de los sentimientos que deseas experimentar más. Por ejemplo, quizá desees más paz, compasión, amor, emociones, alegría, generosidad, bienestar, comunión, gratitud o autoaceptación.

Después de anotar algunos de los sentimientos que deseas crear más, el siguiente paso consiste en experimentar esos sentimientos en tu cuerpo. Cierra los ojos e inspira hondo desde el vientre. ¿Qué sentimiento deseas experimentar más? Imagina que te concedes el regalo de ese sentimiento. Piensa en una persona o un objeto que te inspire amor y deja que ese sentimiento se genere dentro de ti. Toma nota de las sensaciones físicas de amor que experimentas. ¿Qué sensación te produce en el vientre? ¿Tiene una temperatura? ¿Una vibración? ¿Un sonido?

Repite esta operación con la gratitud. ¿De qué te sientes agradecida? ¿Sientes esa gratitud en tu mente y tu cuerpo?

¿Qué sensación te produce la paz? Visualízate en una playa, sobre una montaña, en un bosque o en cualquier lugar que te resulte apacible. Experimenta las sensaciones de una paz profunda.

Realiza esta práctica durante al menos quince minutos, y cuando hayas experimentado todas las emociones que has enumerado en tu lista, date las gracias por permanecer abierta y presente durante este ejercicio.

Puedes utilizar esta práctica para acceder y atraer cualquier emoción a tu vida; es un excelente ejercicio para empezar a obtener ideas sobre cómo incorporar más de estos sentimientos a tu día a día.

Dedícate tiempo

Formar nuevos hábitos es una de las prácticas más potentes que podemos llevar a cabo. Nos ayuda a desmenuzar los deseos más importantes en pequeños fragmentos que podemos integrar en nuestra rutina diaria. Si quieres dedicar más tiempo a desarrollar una relación afectuosa contigo misma, empieza por pequeños gestos.

Decide que todos los días harás un pequeño gesto para dedicar más tiempo a ti misma. Comprométete en prepararte una taza de té. Elige una película y anótalo en tu agenda como una cita oficial contigo misma. Ve a dar un paseo sin tu teléfono móvil. Puede ser algo tan simple como comprometerte a dedicar un momento cada día a mirarte en el espejo y decirte como le dirías a una buena amiga, repitiendo las sabias palabras de Fred Rogers: «Recuerda que me gustas por ser quien eres». Comprométete en realizar uno de estos pequeños gestos todos los días y no tardarás en ver los resultados. Estamos convencidos de que querrás hacer más.

2

El secreto de la libertad

He dicho «hasta que la muerte nos separe... no hasta la hora del desayuno, el almuerzo y la cena».

ANÓNIMO

El siguiente secreto fundamental para unas relaciones sanas y felices es la libertad, puesto que muchas de nuestras ideas domesticadas sobre el amor van unidas a una ausencia de libertad. Lo vemos en nuestras metáforas acerca de las relaciones formales: nos referimos a «los vínculos» del matrimonio o a los viejos «grilletes», o nos enteramos de que alguien «ha mordido por fin el anzuelo». Lo cierto es que, aunque una constante proximidad física puede ser deseable y factible durante los primeros arrebatos de una nueva relación sentimental, conforme ésta madura y crece la libertad se hace cada vez más necesaria.

A medida que construimos sobre el primer secreto fundamental —el del compromiso con nosotros mismos—, aceptamos la aparente paradoja que sólo concediendo una libertad real a la persona que amamos podemos acceder a una conexión más profunda y significativa. Por otra parte, la libertad que ofrecemos vuelve a nosotros como un bumerán. Cuando liberamos a los demás, nos liberamos nosotros también.

Las relaciones prosperan cuando ambas partes se sienten libres y disponen del espacio necesario para crecer y desenvolverse en sentidos novedosos y fascinantes. En este tipo de relación, cada persona se responsabiliza de su parte de la relación como una entidad en sí misma: el mar que se extiende entre costas, indómito y desconocido y al mismo tiempo definido y delimitado por las tierras que lo circundan. La libertad en una relación significa que ambas partes son responsables de su propio bienestar y al mismo tiempo eligen compartir este fascinante viaje vital. Cada parte hace continuamente elecciones conscientes, sin ideas domesticadas ni influencias sociales.

Al leer esto, algunos quizá penséis: «Pero yo no siento este tipo de libertad y espacio en mi relación actual». Es comprensible, dado el cúmulo de mensajes, sutiles y manifiestos, con que nos bombardean en nuestra sociedad. Y es natural. Recuerda que la libertad es una negociación en constante evolución, un constante toma y daca. La situación en la que te hallas hoy no tiene que dictar dónde llegarás mañana. La buena noticia es que existen pasos específicos que puedes dar para fomentar un clima de libertad. Pero, antes de que los abordemos, examinemos algunas conductas que pueden ahogar y asfixiar la sensación de libertad entre las parejas.

Intentos de controlar

Muchos creemos que para conseguir lo que queremos en una relación debemos tratar de que nuestra pareja se comporte como creemos que debe comportarse. Generalmente, lo conseguimos ofreciendo algún tipo de recompensa a cambio de que se comporte como deseamos; típicamente, nuestro amor y afecto. En el otro lado de la moneda, podemos castigar a nuestra pareja por no comportarse como queremos. Podemos castigarla con nuestros arrebatos emocionales o sometiéndola a una conducta pasivo-agresiva, como por ejemplo negándole nuestro amor y afecto.

De esta forma, convertimos nuestro amor en un amor condicional intentando domesticar a nuestra pareja obligándola a hacer lo que nosotros queremos, en lugar de animarla a seguir los dictados de su corazón y ser quien es envuelta en el calor y la fuerza de nuestro amor incondicional.

He aquí un ejemplo de lo anterior en acción: Joe y Mary mantienen una relación formal desde hace muchos años. Aunque han decidido ir a cenar a casa de los padres de Joe, Mary lo llama por la mañana para decirle que unos amigos tienen una tercera entrada para un evento esa anoche y pregunta a Joe si no le importa que vaya en lugar de asistir a la cena. Joe se pasa todo el día de mal humor, aunque procura disimularlo, y por la noche, cuando Mary regresa a casa después del evento, se muestra frío con ella, sin apenas prestarle atención ni prodigarle ningún gesto de afecto. Mary nota esta frialdad y se disgusta, mostrándose también arisca para vengarse de que la castigue por haber tomado libremente la decisión de asistir al evento.

Si Joe y Mary se hubieran comunicado mejor, habrían evitado este problema. En el capítulo seis exploraremos el tema de la comunicación con todo detalle porque las prácticas de una buena comunicación son vitales para unas relaciones sanas y felices. Pero, de momento, nuestro foco está en los motivos y la energía creada entre ambas partes en esta situación.

En este caso, Joe no sólo castiga a Mary absteniéndose de demostrarle su amor (y de paso castigarse él mismo), sino que le da a entender que si vuelve a comportarse de este modo él adoptará la misma actitud. Está claro que trata de influir en Mary y controlar su futuro comportamiento. Mary le envía un mensaje similar: que el castigo que ella considera injusto será correspondido con el mismo castigo, en lugar de con curiosidad, comprensión o amor. De esta forma, ambas partes tratan de domesticar al otro para obligarle a aceptar sus respectivos puntos de vista. A resultas de lo cual esa noche puede estallar una discusión, o es posible que ambos se vayan a la cama albergando esas emociones negativas. Como cabe imaginar, ninguna de estas opciones conduce a la felicidad.

Desde fuera todo parece muy obvio. La mayoría detectamos este tipo de comportamiento pasivo-agresivo y controlador en otros, pero nos cuesta más identificarlo en nuestro propio comportamiento. Solemos estar muy ligados a las creencias que nos inducen a comportarnos de esta forma. Esto es patente cuando justificamos nuestras acciones diciéndonos que lo hacemos pensando en lo que le conviene a nuestra pareja o que tratamos de obligarla a comportarse de cierta forma «por su propio bien». De hecho, estamos condicionados a creer que este tipo de cariño hacia otros forma parte de la definición central de lo que es el amor.

Lo cierto es que no sabemos qué conviene a otras personas, ni siquiera cuando hacemos algo pensando en su bien. Todo el mundo, incluida nuestra pareja, sigue su propio camino. En realidad no sabemos lo que le conviene, por más que creamos saberlo. Sólo dándole libertad permitimos —y confiamos— que nuestra pareja averigüe lo que le conviene.

Ciertamente, es fácil conceder a alguien la libertad de ser quien es cuando hace lo que nosotros queremos. Lo difícil es concederle esta misma libertad cuando hace algo que no nos gusta. Por ejemplo, ¿podemos dar libertad a una pareja que llega tarde (de nuevo)? ¿O que tiene ideas políticas distintas de las nuestras? ¿O que se niega a hablar con nosotros de ciertos temas? ¿O que sostiene puntos de vista diferentes sobre la forma de educar a los hijos (ya sean los hijos que tenéis en común o de relaciones anteriores)? La vida nos ofrece generosamente numerosas ocasiones de ofrecer a otros la libertad de ser quienes son.

El amor incondicional dice: «Yo opto por respetar tu libertad para que hagas las elecciones y tomes las decisiones que quieras, aunque no me gusten». El amor condicional dice: «Yo te daré libertad para hacer las elecciones y tomar las decisiones que quieras siempre que me convengan a mí y a mis intereses». La primera es la auténtica libertad; la segunda es control.

Una de las razones por las que el deseo de controlar a otros es un hábito muy difícil de romper es que a veces parece que funciona. O tratamos de convencer o imponemos nuestra voluntad a la otra persona para que haga lo que deseamos, de forma que nuestro ego muerde el anzuelo. Cuando nuestra voluntad satisface a ambas partes, cantamos victoria. Quizá seas consciente de este tipo de victoria cuando te oyes decir a tu pareja: «¡Ya te lo dije!» En estos casos es un grito de victoria muy especial, porque celebra que lo que creíamos conveniente para alguien ha resultado ser cierto, por más que esa persona se sienta dolida a la larga por haberle impuesto nuestra voluntad en lugar de dejar que decida por ella misma (aunque su decisión sea un error). Lo cierto es que no puedes controlar el comportamiento de otra persona durante mucho tiempo, porque todos, incluso tú, somos responsables de nuestras elecciones y acciones en cualquier circunstancia. Aunque parezca que funciona, al cabo del tiempo (a veces, mucho tiempo) la persona acaba rebelándose de una forma u otra.

A veces nuestros intentos de controlar obedecen a distintos motivos. Por ejemplo, si alguien nos ha hecho daño en el pasado, es posible que sintamos consciente o inconscientemente la necesidad de protegernos. En este caso, utilizamos el amor condicional para tratar de evitar sufrir cualquier daño manteniendo a la otra persona a raya para que no pueda herirnos. Sin embargo, esta conducta no es sino otra forma de cerrar nuestro corazón a cal y canto. Tratamos de impedir que nos hieran, sin percatarnos de que nuestros intentos de protegernos mediante el control a la larga generan más dolor.

Cuando nos protegemos del dolor cerrando nuestro corazón o cerrándonos a la otra persona, bloqueamos las expresiones de alegría e impedimos que las energías del amor fluyan.

Los seres humanos tenemos un deseo innato de ser libres. Si no concedemos ese sentido de libertad a la persona con la que mantenemos una relación, a la postre ésta querrá modificar los términos de la relación o romperla, aunque no sea consciente de que el motivo es su deseo de ser libre. Cuando una persona controla a otra durante largo tiempo, la resistencia aumenta hasta que se produce la ruptura, lo que no suele ser agradable. La persona controlada o bien se rebela abiertamente o hace algo a espaldas del controlador que lo deja estupefacto.

Cada vez que tratamos de controlar a alguien —ya sea para protegernos o para conseguir lo que creemos que deseamos—, abrimos la puerta a multitud de consecuencias indeseadas y perjudiciales. Cada vez que tratamos de controlar algo, socavamos nuestra capacidad de escuchar, de aprender algo nuevo sobre la otra persona y adaptarnos a la realidad del momento presente. El afán de controlar nos impide asimismo hacer uso de los dones de nuestra compasión, debilita nuestras respuestas creativas a los problemas y limita nuestro acceso a nuestra intuición y nuestra sabiduría interiores.

La necesidad de conceder libertad a tu pareja es incuestionable, por lo que a continuación abordaremos tres sistemas sencillos pero muy efectivos para crear un espacio para que emerja la libertad: animar a tu pareja a que haga lo que realmente desea, reconocer los logros de tu pareja y apoyarla en actividades en las que tú no participes.

Anima a tu pareja a que elija lo que realmente desea

Una de las formas más importantes con que puedes generar libertad en una relación es animar a tu pareja a que haga lo que desea en cualquier situación, en lugar de pedirle que haga lo que quieres tú. Puedes empezar por algo muy simple. Por ejemplo: «¿Quieres ir al cine conmigo, o prefieres salir con tus amigos?» «¿Te apetece ir a un restaurante chino o a otro?» Anima a tu pareja a que te diga con claridad lo que quiere, y recuérdale que, aunque no siempre estés de acuerdo con lo que diga o haga, una de las cosas que más valoras en una relación es la libertad. De esta forma, le das a entender que tu interés por averiguar y apoyar sus deseos más profundos es una extensión natural del amor incondicional que sientes por ella.

Esto no siempre es fácil cuando se trata de asuntos más serios, y es natural que cuando la ocasión lo requiera expreses tus preferencias a tu pareja. Recuerda que la verdad de tu pareja puede ser distinta de la tuya, lo cual es bueno. Cuando la animas a hacer lo que desea te haces un maravilloso regalo a ti misma, en el sentido de que te permite conocer a tu pareja a un nivel más profundo, porque ves lo que elige en una determinada situación. Por otra parte, animar a tu pareja a elegir lo que realmente desea es una forma concreta de eliminar el ciclo de «si tú cambias por mí, yo cambiaré por ti». Ese ciclo siempre conduce a la frustración, el resentimiento y la sensación de falta de libertad en la relación.

Reconoce los logros de tu pareja

La mayoría de personas sabemos lo importante que es apoyar a nuestra pareja en los momentos difíciles, como la pérdida del trabajo, los problemas de salud y otros. Hacerlo constituye una parte vital de una relación sana. A veces no tenemos en cuenta otra poderosa forma de apoyo, consistente en aplaudir a nuestra pareja cuando alcanza un objetivo, asume un nuevo reto o consigue algo que significa mucho para ella. Ten presente que este reconocimiento no consiste en elogiar a tu pareja de modo condicional o tratar de controlar o influir en su comportamiento. Este tipo de aliento —sincero— contribuye a crear un clima de libertad y de apoyo. «Enhorabuena por tu promoción», o «Estoy muy orgulloso de ti por intentar algo nuevo». Tu pareja percibe tu entusiasmo por el fervor con que persigue sus objetivos y tu admiración por sus logros.

Una extensión de esto es la incorporación de una práctica de gratitud compartida enfocada sobre tus relaciones más íntimas. Los beneficios de la gratitud son de sobra conocidos, puesto que numerosos estudios han demostrado que expresarla habitualmente no sólo puede mejorar tu salud física y mental, sino tu forma de plantearte el futuro e incluso contribuir a que duermas mejor. Expresar tu gratitud y dar las gracias a tu pareja directamente es un componente esencial de una relación sana y feliz. Asimismo, reconocer abiertamente lo que otra persona hace por ti o te da con espíritu de generosidad ayuda a crear un clima de libertad. A menudo las pequeñas cosas son las más transformativas: dar las gracias por sacar la basura o ir a recoger la ropa a la tintorería. Y, por supuesto, la gratitud expresada en términos más amplios también es bienvenida, como dar las gracias por ser una madre o un padre maravilloso. Al final de este capítulo incluimos un ejercicio muy eficaz para enriquecer la práctica de la gratitud en tu relación.

Apoyar actividades en las que tú no participas

Todos hemos oído el tópico que dice: «La ausencia es al amor lo que el viento al aire, que apaga el pequeño y aviva el grande». Pero dicho tópico encierra una verdad muy profunda: a menudo apreciamos más lo que tenemos cuando nos alejamos de ello y lo retomamos con mirada renovada. Una forma de ayudar a tu pareja a sentirse libre en vuestra relación es animarla a emprender actividades sola o con otros amigos; es decir, dedicar tiempo y energía a llevar a cabo actividades que la alejan de ti de una forma sana.

Una queja muy frecuente que oímos acerca de las relaciones es que una de las partes se siente desatendida, mientras que la otra se siente agobiada. Nos atrevemos a decir que esto es consecuencia de la domesticación: sentir que «no somos lo bastante buenos» puede inducirnos a tratar de potenciar nuestra valía basándonos en el deseo del otro de pasar tiempo con nosotros. De modo que recurrimos al condicionamiento para tratar de convencer o persuadir a la otra parte de que nos conceda mayor intimidad. Huelga decir que esto no resulta grato para ninguna de las partes y sólo sirve para intensificar los sentimientos de inferioridad. Por lo demás, genera una situación muy comprometida para la persona que se siente agobiada: o disgusta a su pareja manteniendo la distancia o accede a su demanda de atención, lamentándose de tener que hacerlo.

Las relaciones que afrontan esta dificultad son las que más se benefician de un renovado compromiso con la libertad para ambas partes. Lo irónico es que, cuando empiezas a animar a tu pareja a sentirse libre, a menudo ésta desea pasar más tiempo contigo. Y aunque no sea así, cuando abrazas tu compromiso de amarte a ti misma, tú también empiezas a gozar de tu propia libertad y amas a tu pareja por poder hacer lo que quiere. Incluso puedes intensificar esta alegría manifestando a tu pareja lo feliz que te hace verla disfrutar haciendo lo que le apetece hacer.

Por supuesto, este proceso puede revelar que ambos tenéis que evaluar los acuerdos que habéis establecido en vuestra relación. Esto sólo puede hacerse desde el respeto mutuo y la libertad. Sólo entonces podéis decidir el rumbo que queréis que tome vuestra relación.

Estas tres prácticas constituyen unas potentes herramientas para crear espacio para una mayor libertad, y unidas pueden propiciar un gigantesco cambio en vuestra relación.

Conceder libertad y establecer límites

Como hemos apuntado antes en este capítulo, cuando concedemos libertad a otros, la vida plantea situaciones en que nuestra pareja elige cosas que nos disgustan o con las que no estamos de acuerdo. ¿Qué hacer entonces? ¿Cómo podemos conceder a nuestra pareja espacio para su libertad cuando se comporta de forma que no nos parece aceptable? Una forma de empezar es tener en cuenta otros factores que nos afectan en esta situación y analizar nuestros sentimientos. Cuando prestamos menos atención a lo que hace nuestra pareja y más a por qué esas acciones nos disgustan, podemos empezar a descifrar los factores dentro de nosotros que nos inducen a querer controlar a otros. Podemos reconocer si nos sentimos asustados o confundidos por las elecciones que hace o piensa hacer nuestra pareja, y analizar en nuestro interior los motivos por los que nos sentimos así. Podemos escucharnos y apoyarnos de forma que nos sintamos cómodos en estas situaciones, concediendo al mismo tiempo espacio a nuestra pareja para que se sienta libre. Cuando sientas que quieres cambiar a tu pareja de alguna forma, hazte estas preguntas: ¿qué trato de controlar? ¿De qué debo deshacerme?

Conceder a otra persona libertad para ser quién es *no* significa aceptar o mostrarte de acuerdo con todo lo que diga o haga. Podemos conceder libertad y lamentarnos de las consecuencias de esa libertad o rechazarlas, pero lo importante es elegir lo que funciona a la larga en lugar de conseguir una victoria pírrica imponiendo nuestra voluntad sobre alguien. El amor condicional y el intento de domesticar a otra persona es un hábito muy arraigado, que no podrás eliminar del todo en poco tiempo. Lo importante es tomar nota de cuándo caes en él y hacer una elección distinta.

Queremos dejar claro que no decimos que debes dejar de establecer ciertos límites o tolerar una conducta ofensiva o perjudicial por parte de otros sin rechistar. ¿Recuerdas que la base de una buena relación es tu compromiso contigo misma? Tu libertad es tan importante como la de la otra persona. Debes saber a qué estas dispuesta a comprometerte en una relación y qué no estás dispuesta a tolerar. A fin de cuentas, tu deber es ser fiel a ti misma. El deber de la otra persona es ser fiel a sí misma. Cuando ambas partes lo consiguen, significa que han colocado los fundamentos de una auténtica libertad y pueden crear un clima de libertad en su relación, incluso estableciendo unos límites sanos.

Una de las definiciones más sencillas de los límites que conocemos la formuló la investigadora Brené Brown, que dice que los límites consisten, simplemente, en lo que es válido y lo que no es válido. El hecho de conceder libertad a otra persona no significa que debas renunciar a tus límites. Ambas cosas no son mutuamente excluyentes. Recuerda que ante todo debes comprometerte contigo misma, y crear límites sanos —y expresarlos a quienes te rodean— es otra forma de honrar ese compromiso.

En nuestra opinión, una forma de expresar un límite es mediante un «no» consciente. Cuando miramos en nuestro interior y decimos a otra persona «No quiero hacer eso», o «No, eso no me gusta», hablamos con la autoridad de un no consciente. Este «no» refleja tu perspectiva sobre lo que es válido para *ti*, lo que te parece aceptable o inaceptable desde tu punto de vista. En este proceso, debes desechar cualquier suposición o deseo acerca de lo que a tu pareja pueda parecerle válido o no. De este modo, te comprometes contigo mismo al mismo tiempo que concedes libertad a tu pareja. No juzgas su conducta, no tratas de adivinar sus motivaciones ni exiges que cambie (aunque en el fondo quizá confíes en que lo haga).

A veces esto puede resultar difícil desde el punto de vista emocional, como en el siguiente ejemplo. Tenemos una amiga cuyo cónyuge, después de varios años de matrimonio, le comunicó que quería cambiar el acuerdo de una relación monógama a otra sexualmente abierta. Ella no compartía este punto de vista y le explicó que, aunque lo amaba y deseaba que fuera feliz, no estaba dispuesta a aceptar su propuesta. Le dijo que le agradecía su sinceridad y que ahora ella quería compartir la suya. En este caso, le dijo: «Eres libre para emprender ese camino, pero debes saber que si lo haces no podré seguir contigo». La respuesta a su marido no representaba ninguna amenaza o castigo, sino que le dijo, simplemente, lo que pensaba al respecto. Su amor no era condicional; se limitó a mantener su compromiso consigo misma al tiempo que le daba a él libertad para hacer sus propias elecciones (en lugar de imponerle una condición para tratar de controlar sus elecciones).

Establecer límites satisfactorios significa decir «no» con claridad y el corazón abierto, lo que en la mayoría de los casos requiere la voluntad de expresarte y manifestar tu verdad. Sabemos que a muchas personas les cuesta manifestar su verdad, sobre todo en momentos de intensa angustia emocional o en una situación conflictiva. Aunque más adelante profundizaremos en esto, de momento, en el contexto de nuestra lección sobre libertad, te pedimos simplemente que te muestres dispuesta a manifestar tu verdad.

A muchas personas no nos han enseñado a establecer límites satisfactorios sin sentirnos culpables o utilizarlos para manipular a otra persona. Así, tienes dos opciones: decir no deshaciéndote en disculpas por negarte o decir no mostrando un talante pasivo-agresivo, confiando en que «si la otra persona me quiere» cambiará de actitud.

Por lo demás, nuestras domesticaciones nos inducen a decir sí, aunque en el fondo queramos decir no, y el resultado es que a menudo no establecemos los límites que necesitamos para permanecer comprometidos con nosotros mismos. Si este comportamiento persiste acabamos asfixiándonos, creando un dique que reprime nuestros noes silenciados. Al cabo del tiempo forman un maremoto de emoción tan potente, que cuando por fin decimos no constituye más bien un estallido emocional de «hasta aquí hemos llegado» y «esto se acabó» en lugar de unos límites claros y sinceros.

Recuerda que establecer límites con el corazón abierto requiere práctica, y recuerda que estás aprendiendo. No podrás hacerlo perfectamente; muchos no hemos tenido buenos modelos que imitar a la hora de establecer límites sinceros y sanos en el contexto de la libertad, por lo que en muchos casos tenemos que inventarlos sobre la marcha y crear nuestros propios modelos imitando los comportamientos que deseamos ver en los nuestros.

Cada vez que dices no a otra persona te lo dices también a ti misma. Con el tiempo comprobarás que no hay ninguna diferencia entre compartir o recibir un sí o un no; ambas son respuestas que puedes dar o recibir con el corazón abierto. No significa necesariamente que quieras decir no, porque amas a tu pareja y quieres que sea feliz; significa que comprendes que no puedes decir sí y seguir siendo fiel a ti misma. Tu respuesta puede ser: «Me gustaría decir sí a esto, porque sé que es importante para ti, pero debo decir no».

Cuando consigues dominar esta práctica, se produce un profundo cambio. Observarás que dejas de cambiar tu comportamiento basándote en lo que crees que será la reacción de tu pareja. Deseas armonía, pero entiendes que esto es imposible en todos los ámbitos. Además, sabes que la vida sin conflicto sería muy aburrida. Nuestros desacuerdos contribuyen a que nuestras relaciones crezcan y sean fluidas. Mediante una constante negociación de distintas prioridades y preferencias podemos seguir examinando nuestras creencias e ideas para comprobar si han cambiado, concediendo a nuestra pareja el espacio necesario para cambiar si lo desea, teniendo presente que su comportamiento no es cosa nuestra. Cuando no necesitas que tu pareja cambie, puedes permanecer presente en tus desacuerdos con ella, incluidos su contrariedad o su temor, sin traicionar tu verdad. Si le concedes libertad para que sienta su temor, tendrá el espacio necesario para buscar otro camino. En los momentos difíciles, cuanto más profundamente conectemos con nosotros mismos, honremos nuestro temor y nos amemos con la intención de conceder libertad a nuestra pareja, más maravillosos, sorprendentes y auténticos serán los resultados. Nuestro corazón puede aprender a permanecer abierto incluso en situaciones problemáticas.

Exploraciones

Contexto compartido y diferenciación

En su libro *Passionate Marriage*, el terapeuta y autor David Schnarch sostiene que las relaciones íntimas que gozan de una mayor compenetración se dan cuando la pareja tiene lo que él denomina un contexto compartido y una diferenciación. Es decir, unos síes compartidos y unos noes divergentes en una relación.

El contexto compartido es vuestros síes conjuntos: las cosas que a ti y a tu pareja os gustan hacer juntos. Piensa un momento: ¿dónde están vuestros síes como pareja? ¿Qué os inspira y complace a los dos? Puede ser ir al cine juntos, bailar salsa o dar largos paseos. Para fomentar vuestra intimidad y alegría como pareja, proponeos hacer más de una cosa esta semana que os haga felices a los dos.

La clave para localizar vuestro contexto compartido es que debes ser sincera. Si finges que te gusta algo que le gusta a tu pareja sólo para «mantener la paz», esto acabará causándote resentimiento. Hacer de vez en cuando algo que te disgusta para complacer a tu pareja está bien: es muy gratificante ver a nuestra pareja disfrutar con algo, aunque no nos complazca. Pero si sueles ver partidos de fútbol, visitar el museo de arte moderno o ir a la playa cuando en realidad no te apetece, tienes que cambiar de rumbo y averiguar dónde se halla vuestro auténtico contexto compartido.

La diferenciación es tan valiosa como el contexto compartido, y no menos crucial en todas las relaciones sólidas y duraderas. Debemos tener espacios en los que honrar nuestras aficiones personales, sin nuestra pareja. Esto nos ayuda a aprender a honrar y compartir nuestros noes con la otra persona: «No, no quiero ir a patinar, pero estaré encantada de llevarte en el coche y luego iré a leer a la biblioteca». «No, no me interesa ver el partido de fútbol, pero preparé bocadillos para ti y tus amigos y luego iré a dar un paseo por el bosque.» «No, no quiero tener hijos, pero estoy dispuesta a acoger a unos niños mayores.» Estos son los noes divergentes.

Cuando nos abrimos a las diferencias del otro, tenemos la oportunidad de averiguar cómo contemplan el mundo otras personas. Cuando aportamos respeto y curiosidad, comprobamos que podemos amar y gozar de las áreas en las que coincidimos y amar también las diferencias. En ninguna relación los intereses coinciden siempre al cien por ciento. Si ambos estáis siempre de acuerdo, probablemente significa que uno de los dos no dice la verdad a fin de mantener la paz.

¡Celebrad y mostraos abiertos a vuestros síes y vuestros noes, y ambos hallaréis más paz y disfrutaréis más en vuestra relación!

La semana que viene, toma nota de las interacciones en las que tú y tu pareja tenéis contextos compartidos (síes) y diferenciaciones (noes). ¿Has observado si tú o tu pareja procuráis «mantener la paz» para tener un contexto compartido? Observa si en algún momento el hecho de propiciar una diferenciación podría provocar una conversación más abierta y sincera.

Abrirte al sí, abrirte al no

En nuestros talleres, llevamos a cabo un ejercicio al comienzo de la sesión para ayudar a las parejas a comprender la aplicación práctica de conceder libertad a la otra parte y a uno mismo. Nosotros lo llamamos el Juego del sí/no.

«Sí» es una palabra que transmite libertad. Piensa en lo bien que te sientes cuando dices sí. Ahora, imagina que estás frente a tu pareja (real o imaginaria) y la sensación que experimentas cuando ambos decís «¡sí!» en voz alta por ningún motivo en concreto. Siente tu entusiasmo, cuando la otra parte recibe tu rotundo SÍ y te corresponde con otro rotundo SÍ.

Ahora piensa en las cosas en las que ambos estáis de acuerdo. ¿En qué momentos os decís sí uno al otro? «Sí, hemos elegido estar juntos.» «Sí, estamos de acuerdo en vivir en esta ciudad.» «Sí, queremos que nuestros hijos estudien en casa.» Imagina los puntos en que ambos os decís sí, y las sensaciones que esos síes te producen a medida que recorren tu cuerpo.

Es una sensación maravillosa, ¿no? A todos nos encanta esa sensación de estar de acuerdo, cuando nuestro sí es mutuo.

Ahora imagina que tú y tu pareja os decís «no». Ambos estáis de acuerdo en vuestro NO claro y rotundo. Os produce una poderosa sensación de estar unidos. Estáis alineados en vuestro no: «No, no vamos a dar seiscientos dólares a un primo lejano por quinta vez». «No, no vamos a permitir que nuestros vecinos derriben nuestra verja trasera.» «No, no vamos a dejar que el médico administre a nuestro hijo ese fármaco.» NO.

La claridad y conexión, tanto en nuestros síes como en nuestros noes, crea una sensación de armonía.

Ahora viene lo complicado.

Piensa en el momento, hace poco, en que querías algo —expresaste un SI rotundo— pero tu pareja expresó un NO igualmente rotundo. O quizá tu pareja quería algo, pero tu respuesta fue un NO tajante. ¿Cómo resolvisteis el problema?

Ahora imagina un nuevo escenario en el que tú y tu pareja estáis en desacuerdo. Aquí es cuando entra en acción la libertad. Aquí es cuando conviene llevar a cabo este ejercicio —con tu pareja si está de acuerdo— para conocer la sensación que experimentas cuando estás en desacuerdo con tu pareja, incluso en total desacuerdo.

Cuando pruebes este ejercicio, aprenderás a crear un espacio para el desacuerdo sin dejar que ello te induzca a pensar que el hecho de no coincidir provoca una pelea o una discusión o destruye tu relación. El desacuerdo forma parte de una relación sana; lo que puede ser no sano es la forma en que reaccionamos a él o cuando tratamos de cambiar nosotros o nuestros límites para evitarlo. Por tanto, la práctica de mantener un desacuerdo compasivo crea un clima más grato cuando el desacuerdo surge de forma natural.

Práctica de gratitud

Se trata de una práctica sencilla y potente que puedes llevar a cabo con tu pareja. Cada noche, antes de acostarte, di a tu pareja tres cosas que hizo ese día que le agradeces. Pueden ser cosas insignificantes o importantes, pero deben ser específicas. Por ejemplo, «Te agradezco que hoy te reunieras conmigo para almorzar», o «Te agradezco que me escucharas cuando te conté que había tenido un mal día en el trabajo», o «Te agradezco que fueras a hacer la compra al supermercado». Invita a tu pareja a hacer lo propio. Estas expresiones específicas de gratitud no sólo crean una sensación de felicidad y bienestar, sino que refuerzan un clima de libertad.

3

El secreto de la concienciación

La consciencia no es lo mismo que el pensamiento. La consciencia trasciende el pensamiento, aunque lo utiliza, honrando su valor y su poder. La consciencia es como una vasija que contiene nuestro pensamiento, y nos ayuda a ver y a reconocer nuestros pensamientos como tales en lugar de confundirlos con la realidad.

JON KABAT-ZINN

El último secreto en la tríada fundamental para unas relaciones sanas y felices es la concienciación. De hecho, es imprescindible practicar este secreto para que los secretos restantes se desplieguen y desarrollen, puesto que sólo podemos cambiar algo cuando somos conscientes de ello. Aquellos de vosotros que habéis leído nuestros otros libros sabéis que la práctica de la concienciación es una de las piedras angulares de nuestro trabajo. Pero para quienes no estéis familiarizados con esta herramienta, empezaremos por explicar detalladamente a qué nos referimos cuando decimos *concienciación* en el contexto de este libro.

A cierto nivel, la concienciación es el arte de estar plenamente presente, plenamente consciente de lo que ocurre en *este* momento, tanto dentro como fuera. Dicho de otro modo, la concienciación es la práctica de observar simultáneamente lo que sucede en el mundo exterior y nuestra reacción a ello.

Aquí utilizamos el término *concienciación* para describir múltiples niveles desde los que puedes mirar en tu interior y averiguar quién eres realmente, tú sola o a través de tu relación con otra persona. Esta tarea comprende desde expandir tu percepción consciente de lo que te gusta y te disgusta hasta alcanzar un conocimiento más profundo de tus puntos fuertes, debilidades, domesticaciones, temores, heridas y cosas que no estás dispuesta a aceptar. Hasta que no conoces todo esto sobre ti misma, es muy difícil entablar una relación profunda con otra persona.

Quienes hemos pasado muchos años tratando de complacer a otros o de cambiar para convertirnos en lo que creemos que otros desean que seamos hemos perdido la noción de lo que nos gusta y nos disgusta a un nivel básico. En este caso, podemos acabar mostrándonos de acuerdo con, o incluso defendiendo, algo en una relación que no concuerda con nuestra verdad interior. La desconexión entre nuestros auténticos deseos y nuestros ideales domesticados a menudo conduce a una profunda confusión e infelicidad.

Asimismo, todos tenemos virtudes y defectos relativos en lo que respecta a las relaciones. La concienciación abre la puerta al conocimiento de nuestros puntos fuertes y de nuestras debilidades, permitiéndonos maximizar las ventajas de nuestras virtudes y buscar ayuda en las áreas que debemos mejorar.

Cuando no son conscientes de sus domesticaciones y heridas no resueltas, muchas personas siguen haciendo las mismas elecciones en sus relaciones, afrontando los mismos tipos de problemas y, en última instancia, cayendo en las mismas situaciones de infelicidad. Hay comentarios muy comunes que todos hemos oído o incluso pronunciado que ponen de relieve esta verdad: «Siempre salgo con el mismo tipo de persona». «Aparte del nombre y el rostro, todos mis ex son iguales.» Para romper estos patrones, en primer lugar debemos ser conscientes de ellos y de las causas subyacentes.

Por último, si no fomentamos una continua concienciación de nuestros temores respecto de las relaciones, es posible que no nos atrevamos a tratar de conseguir lo que realmente deseamos, que prolonguemos una situación perjudicial o no manifestemos nuestra verdad cuando el momento lo requiera. Podemos subestimarnos o conformarnos con algo que no es lo que deseamos debido a nuestro temor a intentarlo o al miedo de no estar a la altura.

Como ves, la concienciación tiene muchos niveles. Los inicios y la aplicación de la práctica de la concienciación son fáciles, pero tardarás toda la vida en dominarla. Empieza por observar tu mente y por tomar nota de su asombrosa habilidad para inventarse historias sobre lo que percibe.

Historias de la mente

La importancia de estudiar la mente hunde sus raíces en numerosas tradiciones espirituales, incluyendo la antigua tradición tolteca amerindia a la que nosotros pertenecemos.

Según la tradición oral, los toltecas aparecieron hace más de mil años en lo que es ahora Teotihuacán, México, y una de las primeras cosas que los toltecas estudiaron fue el rol de la mente en la percepción. Se percataron de que la mente absorbía continuamente información de todos los sentidos y se inventaba historias sobre lo que percibía. Este hábito de la mente lo denominaron «soñar», porque comprendieron que, en lugar de percibir la realidad auténtica, la mente siempre interpretaba sus percepciones, añadiendo juicios de valor, haciendo suposiciones, atribuyendo significado a acciones y situaciones, etcétera. Esto significaba que, cuando la mente se ponía a discurrir, a menudo las personas vivían en su historia sobre la realidad; es decir, un sueño, en lugar de experimentar la verdadera realidad.

Cuando aplicamos las enseñanzas de los toltecas a nuestra vida moderna, es fácil observar que nuestras percepciones no siempre reflejan la realidad con rigor. Por ejemplo, ¿cuántas veces has hecho una suposición sobre las creencias o el comportamiento de tu pareja y más tarde has averiguado que no eran ciertas? ¿Cuántas veces has juzgado a tu pareja por algo que creías que había hecho y más tarde has comprobado que tus juicios eran erróneos?

Suposiciones, juicios y otras actividades mentales conforman las historias que nuestra mente se inventa sobre lo que percibimos. Los juicios y las suposiciones que hacemos se basan en diversas cosas: en nuestra personalidad, en nuestras experiencias anteriores, en nuestras esperanzas y heridas y, por supuesto, en nuestras domesticaciones inexploradas. Una de las áreas más prolíficas para la creación de historias son nuestras relaciones, y hasta que no aprendamos a detectar y cuestionar nuestras historias en lugar de creerlas sin investigarlas, estas historias seguirán generando dolor y sufrimiento en nuestra relación.

Veamos un ejemplo. Tenemos un amigo, Mark, que mantuvo una relación, bastante satisfactoria, durante unos seis meses. Una tarde, el novio de Mark le envió un mensaje de texto a última hora diciendo que tenía que quedarse a trabajar hasta tarde y no podría reunirse con él esa noche, como habían convenido. A Mark le extrañó, porque hasta ese momento, él y Carlton habían permanecido en el mágico estadio de la relación en que procuraban estar juntos a cada momento.

Entonces Mark recordó haber oído una conversación que Carlton había sostenido con su mejor amigo, en la que había mencionado a un tal Tom. Mark apenas le había dado importancia en ese momento, pero ahora empezó a preguntarse si Carlton le ocultaba algo.

Durante una hora, la mente de Mark se entretuvo en tejer todo un relato sobre la posibilidad de que Carlton hubiera salido con Tom en lugar de quedarse a trabajar, como le había dicho. Esta historia se exacerbó cuando Mark llamó al despacho de Carlton y le contestó el buzón de voz de la empresa.

Por fin, a última hora de la tarde, Carlton llamó a Mark para decirle que iba de camino al apartamento. Cuando llegó, Mark se mostró frío y receloso, lo que creó un ambiente tenso entre ellos. Cuando Carlton preguntó a Mark qué le ocurría, éste respondió que le preocupaba que no se hubiera quedado a trabajar hasta tarde, sino que hubiera salido con Tom.

Por suerte para Mark, Carlton se tomó sus sospechas con buen talante. Aseguró a Mark que se había quedado trabajando y que Tom era una persona con quien su mejor amigo quería salir. (Resultó que Mark había conocido a Tom hacía tiempo en una reunión, pero no se acordaba.) Como cabe imaginar, si Mark hubiera seguido creyendo las historias que su mente le contaba, él y Carlton se habrían peleado o habrían decidido poner fin a su relación, y todo debido a una percepción errónea de la realidad.

Cuando preguntamos a Mark por qué creía que se había contado una historia sobre el hecho de que su pareja estaba con otra persona en lugar de trabajando, nos explicó que en una relación anterior su pareja había roto el acuerdo que habían establecido de ser monógamos y había tenido una relación con otra persona. Esto le había sorprendido y herido gravemente, causándole una herida que aún no había cicatrizado; esa vieja herida era lo que le había hecho sospechar de Carlton cuando le había dicho que tenía que quedarse a trabajar hasta tarde. Hasta que Mark no fue consciente de esta vieja herida y del poder que tenía sobre él, ésta afloraba cada vez que entablaba una nueva relación.

Como demuestra este simple ejemplo, nuestra mente puede crear todo tipo de juicios, hacer suposiciones, tomarse las cosas personalmente y contarnos historias acerca de la realidad que, en muchos casos, no se corresponden con los hechos. Nuestras experiencias pasadas, como en el caso de nuestro amigo Mark, pueden influir de modo notable en nuestras historias en el presente. La concienciación es la práctica de ser capaces de reconocer la diferencia entre lo que sucede en el mundo y lo que sucede en nuestra mente.

Muchas de las personas con las que trabajamos comprueban que, cuando son conscientes de sus historias, se dan cuenta de que algunos de los «problemas» en sus relaciones no obedecen a las acciones de sus parejas sino a las historias que se cuentan a sí mismas sobre esas acciones. Es decir, a veces no es lo que hace nuestra pareja lo que suscita nuestras emociones negativas, sino lo que pensamos y nos decimos que hace nuestra pareja. Esta forma de pensar y el hecho de contarnos historias es lo que nos hace sufrir, no la acción en sí misma. La concienciación nos permite diferenciar la realidad del comportamiento de las historias que nos contamos a nosotros mismos.

Identificar el temor

El temor está casi siempre involucrado en nuestras perniciosas historias, por lo que no es de extrañar que genere algunos de los problemas más graves en nuestras relaciones: el temor de repetir antiguos patrones, el temor de que nos hagan daño, el temor de no estar a la altura de lo que otros esperan de nosotros. Somos vulnerables a multitud de temores cuando nos enamoramos de otra persona y nos abrimos a que ésta nos corresponda. La concienciación es una potente herramienta para tratar de eliminar el temor. De hecho, los temores derivan gran parte de su poder e influencia cuando son silenciosos, secretos o inexplorados. El mero hecho de desenterrar tus temores y querer averiguar cómo se manifiestan en tu relación es un primer paso para derrotar a este enemigo interno.

Existen dos tipos de temor: el físico y el psicológico. El temor físico es inmediato, está directamente relacionado con tus actuales circunstancias y se expresa mediante una respuesta de todo el cuerpo. Es el temor que experimentas cuando te topas con un oso pardo en el bosque. Tu ritmo cardíaco aumenta y tu cuerpo se inunda de adrenalina: es la reacción de lucha o huida. Este temor físico y la reacción instantánea de tu cuerpo incrementan tus posibilidades de sobrevivir a este encuentro con un oso. Hace que seas más veloz, más fuerte y más valiente. Por suerte para la mayoría de personas, gran parte de nuestro temor respecto de nuestras relaciones *no* es un temor físico.

Los temores psicológicos son más comunes. Pueden ser subterráneos, actuando en secreto debajo de la superficie de nuestra consciencia y manifestándose en nuestra domesticación y nuestros intentos de domesticar a otros. Pueden ser a largo plazo, dominándonos durante meses o años. Y aunque estos temores residen en nuestra mente, pueden provocar una versión de la respuesta de lucha o huida en nuestro cuerpo. En lo que respecta a las relaciones, el temor psicológico se manifiesta de variadas formas. Esos temores están conectados con las historias de tu mente pensante, como «Temo que esta persona me deje», o «Temo que esta relación fracase», o «Temo no ser bastante para esta persona». El temor psicológico es fruto de la creación de historias negativas. Huelga decir que, cuando estamos dominados por estos temores, crean algunos de los mayores obstáculos a la hora de construir y mantener una relación sana y feliz.

Cuando aplicamos la concienciación —el tercer poderoso secreto de las relaciones— a estos temores de la mente, damos el primer paso para sacarlos de las sombras a la luz del día, donde podemos aprender a sanarlos.

Por esto, queremos que dediques un momento a redactar una lista de todos los temores específicos que tienes acerca de las relaciones. Quizá te lleve algún tiempo identificarlos, pero en cuanto comiences empezarás a observar las formas en que se manifiestan en tu vida. Para ayudarte, incluimos a continuación una lista de ejemplos de algunos temores que aparecen con frecuencia en una relación.

- ❖ Temo que mi pareja me deje.
- ❖ Temo que mi pareja no me comprenda.
- ❖ Temo que mi pareja deje de amarme.
- ❖ Temo dejar de amar a mi pareja.
- ❖ Temo quedar atrapada en una relación que me hace infeliz.
- ❖ Temo que mi pareja me sea infiel.
- ❖ Temo que mi pareja no me perdone.
- ❖ Temo no encontrar una buena pareja.
- ❖ Temo no ser una buena compañera para mi pareja.

Ahora te toca a ti. ¿Cuáles son algunos de los temores que has experimentado en tus relaciones? Algunos de esos temores pueden ser importantes, otros intrascendentes, pero todos tienen la capacidad de colarse en tus interacciones con la persona que amas y provocar graves problemas hasta que eres consciente de ellos.

Cuando hayas redactado tu lista, podrás referirte a ella a medida que profundizas en la concienciación. Podrás localizar dónde sientes cada uno de esos temores en tu cuerpo y tomar nota de cuándo y cómo se manifiestan en tu vida. Podrás investigar tus reacciones a cada temor: mediante las historias que te cuentas, mediante las iniciativas que tomas o dejas de tomar, mediante las cosas que dices o silencias. En este momento no es necesario que te esfuerces en cambiar o corregir estos temores, basta con que expandas tu consciencia. Existen diversos métodos para resolver estos temores psicológicos, entre ellos sanar nuestro pasado, cuestionar nuestro pensamiento y tener fe en nosotros mismos, que exploraremos más adelante.

De momento, examinemos dos reacciones muy comunes que tenemos ante el temor psicológico en nuestras relaciones, cada una de las cuales puede crear negatividad y un veneno emocional e impedirnos alcanzar la felicidad y el bienestar: la ira y encerrarnos en nosotros mismos.

La ira

La ira es una de las formas más evidentes de cómo se manifiestan los temores psicológicos. Cuando te enfureces, practicar la concienciación te invita a mirar dentro de ti y descubrir qué ocurre en tu interior. La ira es una emoción secundaria, dado que siempre oculta temor o una sensación de pérdida. Enfurecernos suele producirnos una sensación de poder o, más concretamente, la falsa ilusión de ejercer poder sobre los demás e incluso sobre nosotros mismos. Es por esto que a algunos nos «complace» enfurecernos. Utilizamos el método de vociferar y proferir invectivas para cargarnos de razón y silenciar las voces de otros. Pero es una victoria vacía, porque lo cierto es que no podemos ejercer eternamente un poder sobre los demás, por más que logremos sojuzgarlos a corto plazo, porque en última instancia todos somos libres.

La falsa ilusión de poder cuando te enfureces suele producir una resaca emocional, a medida que experimentas diversas emociones como vergüenza, remordimientos, culpa, amargura y resentimiento debido a tu arrebato. A menudo la ira nos induce a decir o hacer cosas que duelen y que en el fondo no queremos decir ni hacer, y ninguna de estas reacciones es útil ni favorece una relación sana y feliz.

Cuando sientas que empiezas a enfurecerte con tu pareja, detente y trata de ser consciente de tu ira. Localiza en qué parte de tu cuerpo la sientes. ¿Notas una opresión en la garganta? ¿Sientes que tienes la cara roja y te arde? Identifica los pensamientos asociados a la ira y los sentimientos que experimentas. Define esos sentimientos. ¿De superioridad? ¿De irritación? Y lo que es más importante, desentierra el temor psicológico que se oculta debajo de esos sentimientos. Pregúntate: «¿Qué temo en esta situación? ¿Qué deseo y temo que no conseguiré?» O: «¿Qué tengo y temo perder? ¿Qué historia me estoy contando en este momento?»

Es *muy difícil* detenerse en un momento de ira —de hecho, puede parecer contraproducente—, pero te animamos a que lo intentes. Plantearte estas preguntas en un momento de ira puede constituir un catalizador para unas percepciones que son menos accesibles en momentos de calma. Sentir curiosidad sobre lo que te ocurre durante esos arrebatos de ira puede revelarte mucho sobre tus temores subyacentes y los detonantes de esas emociones extremas.

Encerrarte en ti misma

La segunda reacción más habitual cuando experimentamos temor es encerrarnos en nosotros mismos, distanciarnos o desconectar. Si la ira es una manifestación de nuestra reacción de «lucha», su equivalente de «huida» puede manifestarse de diversas maneras.

Muchas veces, las personas se encierran en sí mismas para castigar a sus parejas negándoles su atención y afecto. También lo hacemos cuando queremos evitar o controlar nuestro temor o cuando no queremos crispar los ánimos. Sin embargo, al igual que ocurre con una reacción de ira, encerrarnos en nosotros mismos no suele contribuir a mejorar nuestra relación con otros. Aparte de bloquear la curiosidad y la concienciación que necesitas para resolver cualquier temor, puede alienar a tu pareja, haciendo que crea que te desconectas de ella, que la ignoras o incluso que la atacas.

Cuando nos encerramos en nosotros mismos, nuestra mente creadora de historias se pone a funcionar a toda marcha y, como cabe imaginar, las historias que se inventa en estos momentos son incluso distorsiones más negativas de la realidad. Nos enfurruñamos, pensando en todos los motivos por los que nuestra pareja no debió decir o hacer algo. Culpamos, castigamos, imaginamos consecuencias catastróficas. Incluso podemos llegar a mantener conversaciones imaginarias con nuestra pareja y escenificar peleas en nuestra mente.

En este caso, de nuevo, la concienciación es clave. Si compruebas que te has encerrado en ti misma, haz una pausa y pregúntate: «¿De qué tengo miedo?» Recuerda que tu mente se está inventando una historia. En lugar de creer automáticamente esa historia, haz que tu reportero de investigación interior formule las preguntas puras y duras: «¿Cómo me siento en estos momentos? ¿Por qué he decidido encerrarme en mí misma en lugar de afrontar la situación que se ha producido?» De nuevo, no es necesario que trates de cambiar tu conducta en este momento. Llegados a este punto, el mero hecho de ser consciente del problema hace que te conozcas mejor.

¿Significa esto que no debemos dar nunca un paso atrás y tomarnos un respiro? Por supuesto que no. No debemos confundir el hecho de romper el hábito de encerrarnos en nosotros mismos con la decisión consciente de «tomarnos un respiro», que puede ser muy sano y beneficioso en una relación. En los momentos de una emoción extrema, conviene distanciarte o darte un respiro en una situación antes de decir o hacer algo de lo que más tarde puedas arrepentirte.

La diferencia radica en tu intención y la energía detrás de tu acción. Escucha tu voz interior para aclarar tus pensamientos y trazarte un plan. Si eres consciente y capaz de decir: «Voy a tomarme un respiro en esta situación y volveré a ella cuando me haya calmado», es un método muy válido de afrontar una situación. Es muy distinto de decir, por ejemplo: «No lo sé», «No me importa» o «Lo que tú quieras». Tomarte un respiro con la intención de regresar con mirada renovada y cierta perspectiva constituye una alternativa a ocultarte o hacer caso omiso de tus sentimientos y los de tu pareja.

Por último, algunas personas tienen una reacción que podemos definir como «quedarse heladas». Los que la habéis experimentado conocéis esta sensación, cuando sentís que vuestras extremidades están como adormecidas, vuestra mente se queda en blanco y tenéis la sensación de que vuestro cuerpo no puede moverse. Es una sensación muy común cuando has sufrido un grave trauma en el pasado. Si este es tu caso, es esencial que te trates con benevolencia cuando inicies el proceso de sanar de estos acontecimientos pasados. Te recomendamos que hables con tu pareja sobre el modo más oportuno como debe reaccionar cuando tú «te quedas helada», para hacer que te sientas segura, te recuperes y hables sobre lo que ha sucedido.

Emociones

Además de tomar nota e identificar nuestros temores, la concienciación nos ayuda a permanecer más en contacto con nuestras emociones, puesto que a menudo nos ofrecen una ventana a nuestras verdades interiores, que estamos ocultando a nuestra mente pensante. Esto queda de manifiesto a la hora de poner al descubierto nuestras heridas emocionales.

Por ejemplo, tenemos un amigo que era presa de una intensa emoción cada vez que aparecía una escena de divorcio con niños en una película, aunque el guión fuera una estupidez. No tardó en comprender que su reacción estaba relacionada con la carga emocional que experimentaba al recordar su propio divorcio y el de sus padres. Cuando empezó a ser consciente de esos momentos en que le asaltaban las emociones pudo explorar los recuerdos subyacentes, lo que inició el proceso de investigación hasta que al fin consiguió librarse del dominio que esas emociones tenían sobre él.

Cuando te sientes inopinadamente abrumado por una intensa emoción, en particular cuando los sentimientos parecen desproporcionados respecto del momento en que te encuentras, empieza por ser consciente de lo que sucede en tu interior. Esto te ayudará a localizar el punto donde te sigues aferrando a cargas emocionales de recuerdos pasados y te recordará que debes esforzarte en sanar de ellos. Sanar de un recuerdo significa que puedes experimentarlo sin sentirte abrumada por la carga emocional. Cuando seas capaz de oír hablar de una situación similar o comentar la tuya sin romper a llorar o enfurecerte hasta el punto de arruinar el resto de tu jornada, significa que empiezas a liberarte de él.

Esos detonantes emocionales que no investigas o te esfuerzas en resolver se enconan y acaban afectando tu presente relación, porque proyectas esas emociones no resueltas sobre tu pareja.

La sombra de nuestro yo

Debido a nuestras domesticaciones, muchos tenemos ciertas ideas sobre quiénes pensamos que deberíamos ser y rechazamos quienes somos en realidad. Si nuestra verdad interior no está en concordancia con las ideas domesticadas de nuestra mente, se produce un cisma interno, y cuando nos enfrentamos a ciertas situaciones o elecciones actuamos o nos sentimos de modo distinto de como creemos que deberíamos actuar o sentirnos.

Si seguimos negando nuestra verdad interior sobre algo, estamos creando en nuestra mente lo que llamamos la *sombra de nuestro yo*. Dicho de otro modo, si nos aferramos a una imagen de quién creemos que somos o quién pensamos que deberíamos ser, todas las acciones o deseos contrarios a esta idea son relegados a nuestra sombra, bien porque estamos ciegos y no los vemos o porque los negamos.

En estos casos, nuestras acciones y emociones pueden ser las pistas que necesitamos para mostrarnos lo que realmente es importante para nosotros. Las acciones o emociones intensas que parecen estar desincronizadas son señales de alarma, y cuando somos conscientes de ellas podemos seguirlas hasta dar con la fuente de la propia sombra.

Por ejemplo, conocemos a una pareja, Joan y Sam, que habían acordado que después de que naciera su primer hijo

Joan dejaría su trabajo y se quedaría en casa para ocuparse del primogénito de la pareja. Unos meses después del nacimiento del bebé, Sam comprendió que Joan no se sentía feliz quedándose en casa para atender a su hija recién nacida. El acuerdo que tenían provocaba un serio estrés en su relación porque Joan echaba de menos una ocupación fuera del hogar. Lo malo era que Joan no veía esto como un problema. Aunque reconocía que echaba de menos su trabajo, otra ocupación aparte de atender a su hijita, estaba convencida de que «sólo soy una buena madre si me quedo en casa con mi bebé», y también creía que con el tiempo todo se arreglaría y se contentaría con permanecer en casa para ocuparse de la niña.

La idea que tenía Joan de quién *debía* ser era distinta de quién *era* en realidad. Cuando ella y Sam hablaron de ello y analizaron los sentimientos de Joan, ésta comprendió que de niña la habían domesticado para asumir esta idea, que ya no consideraba válida. Cuando decidió retomar su trabajo se sintió mucho más satisfecha. Al ser consciente de esta idea domesticada que no la hacía feliz, Joan pudo separarse de su sombra y sentirse libre para hacer una elección basándose en sus preferencias. Como consecuencia, su relación con Sam fue más sana y feliz.

Otro ejemplo es el de una estudiante que vino a consultarnos después de que una serie de relaciones que parecían muy prometedoras se rompieran de repente o se volvieran tóxicas al cabo de unos meses. No comprendía por qué caía continuamente en este ciclo de «felicidad y ruptura». Cuando hablamos con ella sobre estas relaciones, nos aseguró que siempre se tomaba un tiempo antes de comprometerse seriamente. Sin embargo, cuando indagamos más a fondo en sus dos últimas relaciones, nos reveló unos comportamientos muy significativos. Durante su última relación se había ido a vivir con su pareja al cabo de dos semanas de salir con él, y en su relación anterior había dejado un trabajo muy prometedor y había cogido otro para que encajara con el horario de su novio al cabo de pocas semanas de conocerse.

Para nosotros estaba claro que había una desconexión entre cómo se veía ella, como alguien que «se toma las cosas con calma», y sus acciones y su propensión a comprometerse enseguida. Era su sombra en acción. Nosotros detectamos con facilidad el problema, pero a ella le costó darse cuenta hasta que se lo hicimos ver.

Por último, tuvimos otro estudiante que durante unos años pensó que le gustaría mantener una relación poliamorosa, es decir, una relación de más de dos personas que puede incluir a una tercera o más en lugar de una relación monógama o de sólo dos personas. Cuando su relación monógama terminó, decidió salir sólo con personas que compartieran su preferencia por relaciones poliamorosas. Pero, al cabo de unos meses de salir sólo con gente que compartía su criterio, comprendió que este tipo de relaciones no le satisfacía y echaba de menos unos roles monógamos más tradicionales. Se había forjado un ideal de sí mismo que le inducía a comportarse de cierta manera, pero lo cierto era que se sentía más a gusto en un rol tradicional. Cuando se dio cuenta de ello, el cisma interior desapareció.

Conforme trabajes para descubrir las características de tu sombra, obtendrás un conocimiento más profundo de ti misma. El objetivo consiste en analizar las diferencias entre tus ideas y creencias y tu comportamiento, dado que éste revela a menudo lo que piensas realmente acerca de una situación. Como punto de partida, analiza las áreas donde experimentes emociones turbulentas o incómodas, las cuales suelen ser potentes indicadores de dónde debes profundizar.

Ser consciente de las reacciones de tu pareja

A medida que adquieres consciencia de ti misma, a menudo empiezas a ver también la conducta de tu pareja bajo una nueva luz. Empezarás a notar cuándo tu pareja se comporta de un modo chocante y reacciona con palabras y acciones que no encajan con la mejor versión de sí mismo o sí misma. En estos momentos, en lugar de adoptar una actitud defensiva o agresiva, la concienciación nos invita a examinar más detenidamente el comportamiento de nuestra pareja para tratar de averiguar sus posibles motivos. Por ejemplo, ¿reacciona por temor? En tal caso, ¿qué es lo que teme?

Esto requiere un enfoque comedido, porque no podemos saber con seguridad qué pasa en la mente de otra persona. No obstante, nuestro deseo es apoyar a nuestra pareja en todo lo posible, lo que significa analizar sus acciones y conductas con un corazón comprensivo.

Una pareja que conocemos, Anna y Pietro, hace poco compartieron con nosotros algo que sucede a menudo cuando hacen las maletas para irse de viaje. Cuando hay una larga lista de cosas que hacer antes de partir, Anna se siente agobiada: no para de correr de un lado para otro, dejando caer cosas y regañando a los otros miembros de la familia a medida que se acerca la hora de partir. Esta conducta suele continuar en el coche, cuando Anna critica la forma en que se comportan otros conductores en la carretera. Durante años, esta ansiedad a la hora de marcharse de viaje fue una constante en sus vidas y, como es natural, no hacía que el resto de la familia iniciara con ilusión un viaje de vacaciones. A menudo provocaba discusiones y resentimientos. Por fin, Pietro decidió preguntar a Anna, con tacto, por qué se comportaba de esa forma. Hablaron sobre los posibles temores subyacentes a su conducta, que era atípica en su esposa. Ella reconoció que creía que su deber era asegurarse de que todos tuvieran lo que necesitaban, y que, si no disfrutaban durante el viaje, ella tenía de alguna forma la culpa. Pensaba que tenía que estar lo mejor preparada posible para hacer frente a cualquier eventualidad a fin de ahorrar tiempo y dinero y hacer que todos se sintieran felices. Pero, según señaló Pietro, esta conducta hacía que todos se sintieran disgustados, incluso ella. Ambos convinieron en que podían lograr que casi todo funcionase y pasarlo bien mientras tuvieran algunas cosas esenciales: el uno al otro, sus billeteras y sus teléfonos móviles. Todo lo demás, recordó Pietro a Anna, era miel sobre hojuelas. Esto les permitió contemplar sus viajes como aventuras en lugar de como campos minados llenos de potenciales fallos y contrariedades.

Cuando llegamos al final del secreto de la concienciación, nos gustaría añadir que, aunque hemos dedicado gran parte de esta lección a hablar sobre la forma en que la concienciación puede ayudarte a resolver «problemas», también puede ayudarte a reconocer qué hace que tu corazón se alegre, qué te procura satisfacción, qué te hace feliz. Éste es uno de los grandes dones de las relaciones, que a menudo olvidamos: enamorarnos más profundamente gracias a la concienciación constante de nuestra relación. Te invitamos a dedicar unos momentos a reflexionar sobre estas dos preguntas:

1. ¿Qué hace tu pareja que te aporta emociones y energía positivas?
2. ¿Qué haces tú para tu pareja que te procura felicidad?

La concienciación puede reavivar la sorpresa y la alegría en el día a día con tu pareja. Cuando averiguas lo que te hace feliz, resulta más fácil cultivarla. La concienciación abre un claro cauce de deseo que te permite pedir lo que quieres y necesitas y responder a las peticiones de tu pareja desde la libertad y la verdad.

Este es el gran reto y en eso estriba el arte de comunicar, pero, de momento, tengamos presente que para que la comunicación sea efectiva debemos tener claro nuestros deseos, nuestras necesidades, nuestros temores, nuestros objetivos, nuestras esperanzas y más. A fin de fomentar esta claridad en nuestra comunicación, necesitamos más que nunca la concienciación.

Si te parece demasiado optimista ser capaces de conocer con total claridad nuestras motivaciones y deseos antes de comunicarnos con nuestra pareja, no te preocupes. Podemos comunicarnos desde la consciencia incluso cuando ésta nos dice que las cosas no están muy claras en ese momento. La consciencia nos permite decir «No lo sé» o, incluso, «Aún no lo sé». Hay una gran paz y belleza en la mente que dice «No lo sé». Abrazar y reconocer que no sabemos algo es mejor que creer las historias que se inventa nuestra mente.

Exploraciones

Conoce tu parte

Cultivar una consciencia más profunda en tus relaciones puede ayudarte a comprender la parte que te corresponde en cualquier situación difícil o conflicto. Si sabes qué historias y temores activan la sombra más perniciosa de tu yo, es responsabilidad tuya solicitar ayuda. Asimismo, quizá seas consciente de los momentos en que puedes ofrecer ayuda a tu pareja en áreas que le resultan problemáticas. En ambos casos, conviene que tengas claro cuáles son tus responsabilidades y qué no es responsabilidad tuya. Así, cada miembro de la pareja puede definir y conocer la parte que le corresponde. A continuación ofrecemos una simple lista de cosas para ayudarte a recordar cuál es tu parte en una relación.

Tu responsabilidad
- ❖ Lo que dices
- ❖ Lo que haces
- ❖ Lo que piensas (o, más concretamente, lo que crees sobre lo que piensas)

La responsabilidad de tu pareja

❖ Lo que dice

❖ Lo que hace

❖ Lo que piensa

Aunque parezca sencillo, puede ser muy difícil recordar esta lista cuando estás inmersa en tus emociones. Repasar esta lista puede ayudarte a recordar los principios básicos.

Si bien una relación prospera cuando ambas partes practican la concienciación, hemos observado que incluso cuando sólo una persona se compromete a llevar a cabo esta tarea pueden producirse cambios sorprendentes. Cuando reivindicamos nuestra parte y modificamos nuestra conducta para mejorar nuestra relación, esto suele atenuar las reacciones del otro. Incluso puede inspirarle también un cambio. A fin de cuentas, dado que una relación es cosa de dos, basta con que una de las partes ponga fin al conflicto.

Piensa en un conflicto o una discusión que hayas tenido con tu pareja y haz una lista de tus responsabilidades. Descarta conscientemente cualquier justificación de tus acciones basándote en el comportamiento de la otra parte. Por ejemplo, en lugar de decir: «Le grité porque no me contó toda la verdad», redúcelo a tus acciones y pensamientos: «Le grité». «Me sentí traicionada y recelosa.» Piensa en las cosas que dijiste y en las acciones que llevaste a cabo. Si lo analizas, ¿pudiste haber hecho algo de forma distinta? La concienciación es el primer paso para cambiar.

¿Qué te fastidia?

«Está claro que sabe cómo sacarme de mis casillas.»

Esta frase suele aplicarse a nuestra media naranja, puesto que nadie sabe tanto cómo sacarnos de nuestras casillas como la persona que está más unida a nosotros. Mediante la práctica de la concienciación podemos observar nuestras reacciones internas a los estímulos externos, y al hacerlo aprendemos más sobre nosotros mismos. Dicho de otro modo, depende de nosotros qué tipo de cosas nos sacan de nuestras casillas.

¿Qué hace tu pareja que te irrita? ¿Cuándo te sientes rechazada por ella? ¿Qué hace que te enfurezca? ¿En qué situaciones reaccionas emocionalmente en lugar de responder de modo consciente? Haz una lista de estos momentos. Recuerda que cualquier reacción que experimentes está dentro de ti, y puedes esforzarte en experimentar las acciones de otros como un don que te ayudará a averiguar qué sucede en tu interior.

Piensa en la última vez que experimentaste una intensa reacción a algo que tu pareja dijo o hizo. ¿Qué provocó esa reacción? ¿Se basa en tus ideales domesticados? ¿En antiguas heridas?

En lugar de centrar tu atención de inmediato en la conducta de tu pareja en estos casos desde una actitud de culpa o superioridad, céntrate en ser consciente de las sensaciones en tu mente y tu cuerpo. Recuerda que la conducta de tu pareja puede ser aceptable o no, pero esto es secundario a la hora de comprender tu propia reacción. El primer paso consiste en identificar la razón de este veneno emocional que se encona en tu interior. Al hacerlo recuperas un estado de cal-

ma y claridad. Desde este punto de partida, puedes reivindicar con rigor tu parte en cualquier situación y hablar con tu
pareja sin juicios de valor sobre lo que ha hecho que te ha
dolido. La concienciación es saber diferenciar estos dos temas: la conducta de tu pareja y tu reacción a ella.

LOS SECRETOS
TRANSFORMATIVOS

4

El secreto de la sanación

Formular las preguntas pertinentes constituye la acción central de la transformación. Las preguntas son la clave que hace que se abran las puertas secretas de la psique.

CLARISSA PINKOLA ESTÉS

Nos guste o no, ningún ser humano transita por esta vida inmune al dolor emocional. Cuando nos abrimos a toda la gama de expresiones de nuestra humanidad, es indudable que todos experimentamos una intensa sensación de pérdida, traición y otras heridas profundas. Si ignoramos estas heridas y las enterramos en lo más profundo de nosotros, acaso fingiendo que no han ocurrido nunca, el dolor emocional sigue enconándose y antes o después estalla en nuestro inconsciente en forma de una reacción emocional. Aunque dominemos el arte de ocultar o reprimir estas viejas heridas, esta negatividad atrapada en nuestro interior nos impide experimentar toda la alegría que la vida nos ofrece. Sanar reabre el cauce energético que nos conecta con nuestro auténtico yo, y por extensión con los demás. Por tanto, sanarnos a nosotros mismos es una de las cosas más transformativas que podemos hacer para otorgar mayor profundidad a nuestras relaciones.

En la anterior lección nos centramos en la importancia de la concienciación, porque hasta que nos conocemos y afrontamos lo que nos encontramos, es muy difícil entablar una auténtica relación sentimental con otro ser humano. En este capítulo, utilizaremos los dones que nos ofrece nuestra consciencia para sanar cualquier área que lo necesite, porque hasta que no empecemos a sanar nuestras viejas heridas emocionales y nuestras perniciosas domesticaciones, éstas seguirán aflorando y creando temor en nuestra mente. Desde este temor reaccionamos más que respondemos, causando sufrimiento en nuestra mente y en nuestras relaciones.

En el caso de algunas parejas, la necesidad de sanar el pasado no se manifiesta hasta que superamos los primeros arrebatos del amor y nos instalamos en un lugar seguro y estable. Entonces descartamos las imágenes que mostramos, consciente o inconscientemente, que han mantenido nuestras heridas ocultas. En otros casos, la necesidad de sanar no se presenta hasta al cabo de muchos años, en particular si las heridas están profundamente sepultadas en el inconsciente.

El tal caso, si te encuentras en una situación reactiva, agobiante o de temor en tu relación, hazte estas dos preguntas: (1) ¿Hay una vieja herida emocional que aflora continuamente en mi presente relación? (2) ¿Hay una idea, creencia o rol que mantengo que ya no me resulta válido? Con frecuencia, ambas preguntas son aplicables a tu situación.

Una de nuestras estudiantes compartió una historia sobre cómo logró reconocer que algunos de los problemas que tenía en su relación estaban provocados por experiencias de su infancia:

> Mi padre era militar, de modo que me criaron con unos estándares muy altos, lo que yo llamo perfeccionistas. Cuando algo no iba bien o alguien cometía un error, mi padre se enfurecía, empezaba a dar órdenes a voz en cuello y castigaba al culpable.
>
> De adulta yo seguí este patrón, y si cometía un error o no alcanzaba el nivel de perfección que me había impuesto, me juzgaba con excesiva dureza. También observé que en ciertas áreas, en particular las que me recordaban a mi padre, ponía el listón increíblemente alto para mi pareja y le criticaba por no estar a la altura de mis exigencias. En lugar de mostrarme compasiva y comprensiva con mi pareja y conmigo misma cuando no alcanzábamos ciertas metas o cometíamos errores, reaccionaba enfureciéndome y emitiendo juicios negativos.

En este caso, la experiencia de nuestra estudiante con un padre muy exigente la había domesticado para asumir la idea de que el perfeccionismo y una rígida mentalidad de sargento eran el medio más eficaz de conseguir que las cosas funcionaran. Quizás estuvieran vinculadas en su mente como una parte integral de la expresión de amor en una familia muy unida. Pero cuando se aplicaba a sí misma y a su pareja estas ideas, ambos sufrían. Sólo gracias a su voluntad de analizar qué provocaba estas reacciones consiguió identificar —y sanar— las heridas de su infancia.

Hace años, otro amigo nuestro empezó a tener continuos problemas con su esposa a propósito de la economía familiar. Era una fuente de constante conflicto entre ellos, en parte porque su esposa estaba empeñada en acumular un saneado patrimonio, mientras qu él reconoció que nunca había sabido administrar el dinero y a menudo cometía errores en este sentido. Su matrimonio terminó por diversos motivos, entre ellos ciertas diferencias en cuanto a valores relacionados con el dinero. Varios años más tarde, cuando él se disponía a volver a casarse, observó que evitaba cualquier conversación sobre cuentas bancarias conjuntas con su prometida. Un día, cuando ella le hizo una simple pregunta sobre cómo iban a gestionar el tema de las facturas cuando estuvieran casados, él estalló con una reacción defensiva. Por la expresión de dolor y sorpresa en el rostro de su novia, comprendió que ella no había tenido intención de criticarlo, sino que era una simple pregunta. Nuestro amigo comprendió entonces que su reacción se basaba en sentimientos no resueltos sobre esos recuerdos de su primer matrimonio y la historia que su mente se había inventado.

Como demuestran estos dos sencillos ejemplos, hasta que no seamos capaces de afrontar y sanar nuestras anteriores experiencias, además de investigar las ideas nocivas, las creencias y los roles que desarrollamos como consecuencia de nuestras domesticaciones, seguiremos reaccionando a partir de éstos, causando sufrimiento a nosotros mismos y a nuestras parejas.

Sanar el pasado

Todos arrastramos heridas de nuestro pasado, desde daños normales y corrientes hasta profundas tragedias. Algunos son más fáciles de desenterrar que otros, pero pueden incluir el sufrimiento de una infancia difícil, una ruptura o divorcio doloroso, infidelidades y mentiras en nuestras relaciones, traumas emocionales, mentales, físicos e incluso sexuales (padecidos por ti o por la persona que amas) o la muerte de un novio o marido.

Dos emociones en particular nos ofrecen pistas sobre dónde necesitamos sanar: la vergüenza y la culpa. Estos sentimientos tóxicos pueden envenenar tu relación al hacer que afloren hechos pasados. En realidad, son dos facetas del mismo impulso: la vergüenza es volvernos contra nosotros mismos directamente, y la culpa es utilizar las acciones u omisiones de otros para volvernos contra nosotros mismos indirectamente. En ambos casos, somos nosotros los que sufrimos.

Puedes iniciar el proceso de sanar analizando cualquier acontecimiento o persona que te genere un sentimiento de vergüenza o de culpa en estos momentos. Cuando hayas localizado el sentimiento, dedica unos minutos a identificar en qué áreas estás utilizando tus experiencias anteriores para lastimarte ahora. Pregúntate:

❖ «¿Qué acciones o elecciones de mi pasado o mi actual relación me inducen a juzgarme con dureza?»

❖ «¿En qué áreas utilizo el comportamientos de otros en anteriores relaciones para seguir machacándome?»

Tus respuestas pueden ayudarte a determinar las heridas que debes sanar para pasar página y seguir avanzando en tus presentes circunstancias.

Las personas que han dedicado mucho tiempo a explorar su conocimiento interior y a analizar su viaje personal interno probablemente han resuelto, o al menos identificado, muchos de los grandes problemas de su pasado. Sin embargo, al igual que las heridas físicas, el paisaje del cuerpo emocional siempre ostenta una cicatriz. Hemos comprobado que las relaciones íntimas tienen la misteriosa habilidad de reabrir viejas heridas que creíamos cerradas y manifestarlas de manera insólita e inesperada a medida que nuestra relación con otra persona se hace más intensa y profunda.

Por ejemplo, algunos tenemos profundas heridas de la infancia relacionadas con la falta de atención o afecto por parte de los adultos en nuestra vida durante esa época. Cuando no nos ven por quienes somos realmente de niños, o si sufrimos malos tratos o presenciamos malos tratos, los sentimientos que experimentamos entonces siguen aflorando más tarde en nuestra vida. Podemos tratar de llenar inconscientemente lo que percibimos como unos agujeros (poco afecto, poca atención) buscando lo que no tuvimos de niños en nuestras relaciones íntimas de adultos. Como es natural, nadie puede llenarnos o sanarnos de esa forma. Una relación puede servir como una venda temporal sobre el problema, pero cuando somos conscientes de lo que debemos sanar, podemos iniciar el proceso de curar nosotros mismos la herida.

Comportamientos paralelos y opuestos

Hasta que nos curamos nosotros mismos de las heridas de nuestra infancia, a menudo caemos inconscientemente en lo que llamamos un *comportamiento paralelo* o un *comportamiento opuesto* en nuestras relaciones de adultos. Un comportamiento paralelo es cuando imitamos lo que observamos de niños, y un comportamiento opuesto es cuando abrazamos lo opuesto de lo que observamos de pequeños.

Comportamientos paralelos

Un buen ejemplo de un comportamiento paralelo es la estudiante a la que nos referimos antes que adoptó los elevados estándares militares de su padre y se los aplicó a ella misma y a su pareja. En otro ejemplo, un amigo nuestro describió su primera relación importante de esta forma: «Me crié en una casa donde las borracheras y las peleas cada noche eran la norma, de modo que cuando mi pareja se pasaba con las copas yo no le daba importancia. Cuando superamos el estadio "romántico" de la relación nos peleábamos continuamente y, basándome en lo que había visto de niño, esto era lo habitual en todas las relaciones serias». Una persona que ha presenciado un comportamiento controlador por parte de uno de sus padres sobre el otro quizás elija a una pareja que la controla a ella, o elija a una pareja a la que ella pueda controlar, perpetuando otro ciclo pernicioso. Es doloroso observar cómo incluso los comportamientos destructivos pueden resultarnos familiares.

Comoquiera que estos comportamientos los aprendemos de muy pequeños, cuando no los consideramos problemáticos o siquiera una elección, sino, simplemente, como «algo normal», es muy fácil seguir perpetuándolos de forma inconsciente más adelante. De los dos tipos de comportamientos inconscientes, el comportamiento paralelo suele ser más fácil de identificar debido a su carácter relativamente manifiesto.

Comportamientos opuestos

El comportamiento opuesto, por otra parte, puede ser engañoso, pues se presenta como una solución sanadora cuando de hecho puede agravar aún más la herida. Por ejemplo, tenemos un amigo que presenció los malos tratos verbales y a veces físicos que sus padres se infligían mutuamente, por lo que se juró que jamás haría eso en su relación. La mayoría de personas convendríamos en que es un juramento positivo. Pero el problema es que, con el fin de mantener la paz, nuestro amigo guardaba silencio y ocultaba sus auténticos sentimientos a toda costa. Estaba convencido de que la única forma de evitar malos tratos era evitar una confrontación. Por supuesto, esta también es una opción nada sana, pero como reacción a sus experiencias infantiles nuestro amigo se había pasado al otro extremo, silenciando su voz de forma que le costó su propia felicidad debido a una reacción no sana ante el comportamiento de sus padres.

En otro ejemplo frecuente de un comportamiento opuesto, a veces buscamos intencionadamente una pareja que creemos que es «totalmente distinta» al padre o a la madre con quien tuvimos problemas en nuestros años formativos, y la elegimos basándonos en quién *no* es en lugar de quién *es*. Esto es un tropo muy común en las películas, cuando un hijo lleva a casa a un yerno o una nuera en ciernes un tanto inquietante para consternación de los padres. Irónicamente, algunas personas que han hecho esto más tarde caen en la cuenta de que la persona que creían que era totalmente distinta del padre o la madre que trataban de evitar era en realidad muy parecida a ese padre o esa madre. Por ejemplo, a medida que se hacen mayores muchos adolescentes rebeldes tienden a crear el tipo de poder autoritario contra el que se habían rebelado en su juventud. La obsesión con el poder sobre otros es un hilo común entre estas dos personalidades aparentemente opuestas: rebelde y autoritaria.

Los daños de las viejas relaciones

Además de tus experiencias infantiles, cualquier herida emocional de viejas relaciones íntimas que siga abierta también puede introducirse en tu presente relación. Algunos tenemos la sensación de que portamos los fantasmas de anteriores parejas nuestras.

Por ejemplo, a veces nos «defendemos» en nuestra presente relación basándonos en críticas que recibimos de anteriores parejas, como en el caso de nuestro amigo cuyas heridas estaban ligadas a asuntos monetarios. Aunque habló del tema con su actual novia, las palabras que salían de su boca eran en respuesta a una persona que hacía mucho que había desaparecido de su vida.

Cuando las relaciones terminan debido a un conflicto, una traición o una infidelidad, puede tener un impacto duradero sobre nosotros. No podemos evitar pensar que la relación terminó porque se «rompió» de alguna forma. Prácticamente cualquier divorcio, y desde luego cualquier relación que termina con la muerte inesperada de la persona que amamos, puede causarnos un trauma duradero. En todos estos casos, nuestra felicidad inicial y esperanza de gozar de un amor duradero termina con el sufrimiento provocado por una pérdida.

Las viejas relaciones que terminan con una pérdida son muy difíciles de eliminar de nuestros centros emocionales, y a menudo las llevamos con nosotros a una nueva relación. Cuando entablamos una relación con una pareja después de experimentar la pérdida de la persona que amábamos, con frecuencia tendemos a protegernos de cualquier situación que pueda hacernos sentir el mismo tipo de dolor. Esta es una historia muy potente de la mente que nos causa un grave perjuicio: pensamos que, si somos capaces de anticiparnos a un dolor e imaginar todas las catástrofes que pueden producirse, podremos protegernos. De hecho, esta historia nos lleva a desvincularnos de nuestras conexiones más profundas, que son nuestra mayor esperanza de alcanzar el bienestar y la felicidad. A fin de cuentas, nadie puede construir un hogar seguro y resistente sobre cáscaras de huevo.

Después del dolor de una vieja relación, en ocasiones tratamos de controlar a otros retirándoles nuestro amor y afecto. O utilizamos otra estrategia y ocultamos nuestra vulnerabilidad, mostrando a nuestra pareja sólo una parte de quienes somos. Nos decimos, consciente o inconscientemente: «No quiero mostrarme por completo porque no quiero sufrir». De nuevo, el temor se ha introducido en nuestra relación. Lo cierto es que el temor de que nos hagan daño nos impide también abrirnos a todos los beneficios que nos ofrece nuestra presente relación. En este caso, de nuevo, la sanación puede ayudarnos a superar el temor y permitir que experimentemos el beneficio de un amor más pleno y profundo sin la exigencia poco realista de que la relación no pueda herirnos nunca.

En un potente ejemplo de cómo una vieja relación puede alterar nuestro comportamiento, otro estimado amigo nuestro tuvo una experiencia en su primer matrimonio que juró que «le había cambiado para siempre». En este matrimonio, la relación empezó a deteriorarse poco después de nacer el primer hijo. Aunque llevaban varios años casados cuando nació su hijo, la esposa de nuestro amigo se dio cuenta poco después de que la maternidad no estaba hecha para ella y decidió abandonar la relación para seguir su vida. Pese a los ruegos y los intentos por parte del marido para que acudieran a un terapeuta matrimonial, su mujer no quería la vida que habían creado y se marchó, dejando al niño a cargo del marido. Nuestro amigo se llevó un disgusto tremendo y juró que jamás volvería a casarse ni tendría más hijos.

Unos años más tarde, después de salir durante unos meses con una mujer, y a pesar de que su nueva novia tomaba anticonceptivos, se quedó embarazada. La noticia aterrorizó a nuestro amigo. Aunque le encantaba ser padre del niño que tenía, estaba convencido de no querer volver a pasar por esto, pues sólo preveía desengaño y sufrimiento. Pero esta vez su nueva novia le dijo: «Quiero hacer esto contigo, pero si no tengo más remedio lo haré sola». De esta forma, ella y su inesperado embarazo obligaron a nuestro amigo a tomar una decisión: o madurar o marcharse.

Para su sorpresa (aunque no para la nuestra ni la de ella), su experiencia con su nueva novia resultó radicalmente distinta de su primer matrimonio, y nos alegra decir que llevan varios años juntos y han tenido otros dos hijos, además del hijo del primer matrimonio de él. No menos importante, este inopinado embarazo le obligó a iniciar un proceso de sanación y perdón, pues sabía que tenía que hacerlo si quería que su nueva relación prosperase. Ahora se ríe cuando piensa en su viejo propósito de no volver a casarse ni tener más hijos, y dice: «Por suerte, la vida fue más sabia que yo».

Sanar de las ideas domesticadas y los roles caducos

Las ideas domesticadas que nos inculcan están estrechamente ligadas a nuestras experiencias infantiles y antiguas relaciones. Pueden atormentarnos del mismo modo que las heridas del pasado, y pueden controlar nuestras acciones y reacciones si no somos conscientes de ellas y procuramos sanarnos.

Estas domesticaciones incluyen viejas ideas y arraigadas creencias, así como cualquier rol que estemos desempeñando que nos impide gozar de la mejor relación posible con nuestra pareja y nosotros mismos. Casi todos tenemos creencias acerca de las relaciones que hemos adoptado de nuestra familia, amigos, religión e incluso influencias de la sociedad como el cine, la televisión y los libros. Muchas están contenidas en profundos estereotipos de género. Cuando asumimos estas ideas, empezamos a utilizarlas como herramientas de juicio sobre nuestra pareja y nosotros mismos. A modo de ejemplo, estas son algunas de las domesticaciones más comunes acerca de las relaciones:

❖ Los hombres deben tomar la iniciativa con las mujeres, mientras que éstas deben hacerse las tímidas.

❖ Las mujeres deben ser emocionales, y los hombres no deben compartir sus sentimientos.

❖ Los hombres deben mantener económicamente a sus familias, y las mujeres deben cuidar de sus hijos y de la casa.

❖ La energía masculina es poderosa y controlada, mientras que la energía femenina es dulce y protectora.

❖ La libertad en una relación es peligrosa.

❖ Los aspectos más importantes de una relación deben estar al servicio de fundar una familia.

❖ Si no conservamos un aire de misterio, las cosas se vuelven aburridas.

Estos son sólo algunos ejemplos, y nuestro propósito aquí no es mostrarnos de acuerdo o en desacuerdo con estas ideas, sino ayudarte a tomar nota de las ideas que pueden haberte inculcado sobre los roles que debes desempeñar. Si es un rol válido para ti, magnífico. Pero para muchos de nosotros en el mundo moderno los roles están cambiando, de modo que queremos que analices si algún rol o idea que has aceptado se corresponde con tu verdad personal. En caso contrario, experimentarás sufrimiento y frustración hasta que sanes de la necesidad de desempeñar ese rol. Nuestros amigos Anna y Pietro, que citamos en el capítulo anterior, son un buen ejemplo de esto. Anna adoptó la creencia de que su misión consistía en asegurarse de que todos estuvieran preparados antes de partir y lo pasaran bien durante las vacaciones familiares, pero, dado que era un rol que no necesitaba desempeñar y no la satisfacía, los viajes resultaban complicados para todos.

Tenemos una amiga quien, a sus sesenta y tantos años, decidió que no estaba dispuesta a seguir ocupándose de cocinar y limpiar para ella y su pareja. «Estoy harta de hacerlo», nos dijo. De modo que mantuvo una conversación franca con su pareja, explicándole que su rol como ama de casa y los deberes que conllevaba ya no la satisfacían y no quería que siguieran formando parte de su vida. Como consecuencia, empezaron a comer fuera más a menudo, contrataron a una limpiadora que acudía a su casa cada quince días y su pareja asumió la mitad de los quehaceres domésticos. Nuestra amiga empleó su nuevo tiempo libre para buscar un trabajo a tiempo parcial fuera de casa, el cual le procuró una novedosa y creativa ocupación. Gracias a esto, ahora es mucho más feliz. Y su pareja, también.

Como puedes observar, un rol que durante un tiempo nos satisface puede dejar de hacerlo al cabo de cinco, diez o veinte años. Insistimos en que no estamos juzgando ninguna idea, creencia o rol. Lo único que nos interesa es que tú te sientas a gusto con ellos. Los problemas surgen cuando adoptas o mantienes ideas y roles que no son válidos para ti o han dejado de satisfacerte. De nuevo, la concienciación es clave, puesto que muchas personas continúan desempeñando los mismos roles en una relación sin percatarse de que ese rol ya les satisface. Cuando eres consciente de los roles que has asumido, consciente o inconscientemente, tienes la oportunidad de sanar de ellos.

Sanar en la relación actual

En casi todos los talleres que impartimos sobre relaciones hay al menos una pareja que intenta sanar de un grave abuso de confianza o infidelidad. Por tanto, a menudo nos preguntan si esto es algo que pueden superar y, en tal caso, cómo.

En primer lugar, queremos dejar claro que no existe una respuesta a esta pregunta que se adapte a todos los casos, ya que los detalles y los pormenores de cada relación son tan complejos y singulares como las personas que la componen. Dicho esto, queremos también dejar claro que hemos visto relaciones que se han recuperado por completo y prosperado después de una crisis de este tipo, en particular si ambas partes tienen un profundo deseo de sanar. Asimismo, hemos visto a parejas separarse de una forma que, aunque dolorosa, ha servido para que una de ellas o ambas partes crecieran y maduraran como seres humanos.

Cuando se produce un abuso de confianza, puede ser complicado tener el valor para reconstruir la relación. Pero si tienes la voluntad y capacidad de perdonar, es posible consolidar tu relación después de una crisis semejante. Con frecuencia, en lo que respecta a una infidelidad, nuestro sentido básico de justicia se impone. Si has experimentado esto, quizás hayas observado que tu reacción inicial fue equilibrar la balanza castigando a tu pareja. Por desgracia, el castigo no sirve para consolidar la relación ni contribuye a encarrilarla de nuevo. Encerrarte en ti misma, distanciándote de la relación o de tu pareja como forma de castigo, es contraproducente porque en cierto sentido equivale a otra forma de huir y no afrontar el problema. Tu pensamiento inicial de «Mi pareja no merece que le dedique un minuto de mi tiempo» no contribuye a sanar la situación actual, si eso es lo que deseas. Sí, habrá momentos en que pensarás que debes distanciarte de tu pareja y tomarte un tiempo personal para reflexionar sobre los siguientes pasos que debes dar, pero es importante que seas sincera sobre cómo utilizas este tiempo personal: ¿estás utilizando este espacio en un sentido constructivo, o para castigar a tu pareja o a ti misma?

El castigo está dirigido a infligir dolor, pero en lugar de aliviar el sufrimiento original, sólo sirve para crear más dolor en ambas partes. El castigo no ofrece el medio de avanzar hacia la sanación de la relación o reflexionar con sinceridad y decidir abandonarla. Cuanto más tiempo nos recreamos en el castigo, más postergamos la oportunidad de aprender y crecer.

Por supuesto, si las dos partes ya no forman un equipo y la infidelidad sigue repitiéndose, está claro que la relación debe terminar. En tal caso, es necesario un análisis introspectivo a fin de discernir cuál es el factor que te ha llevado a romper la relación. Esto es la clara delimitación de tus límites o, más concretamente, lo que consideras aceptable e inaceptable. Cuando alguien cruce esta línea, quizá tengas que armarte de todo tu valor para tomar la iniciativa, pero cuando lo hagas sabrás que la iniciativa que has tomado es la mejor para todas las partes implicadas, incluidas otras personas que puedan verse afectadas por la ruptura, como hijos, familiares, etcétera.

También conocemos a personas que han decidido permanecer en una relación a pesar de que los abusos de confianza o las infidelidades siguen repitiéndose. Los factores determinantes para que rompan una relación no están ubicados en ese ámbito. En los casos poco frecuentes en que estas relaciones continúan, la parte agraviada se afana en asumir la responsabilidad de su felicidad personal, eliminando cualquier rencor que pueda sentir contra su pareja. No espera que su pareja cambie porque sabe que, en última instancia, su pareja es responsable de sus propias decisiones y acciones, al igual que ella sólo es responsable de sus propios actos. Hemos visto casos en que las personas que toman ese camino encuentran paz en su decisión, y en ocasiones, al cabo de muchos años de no tratar de forzar a nadie a cambiar, se produce un cambio espontáneo en la otra persona. Para hallar tu propio camino a través de este sombrío bosque, es importante que te preguntes: «¿Cuál es mi elección? ¿Cómo quiero vivir mi vida? ¿Qué estoy dispuesta a hacer o no hacer?»

El proceso de sanar

Cuando sanamos recuperándonos de antiguas heridas e ideas domesticadas, al mismo tiempo liberamos a nuestra pareja de un increíble peso, porque hasta que no sanamos, pretendemos, consciente o inconscientemente, que nuestra pareja nos cure y nos dé lo que necesitamos. Cuando nuestra pareja no consigue hacer que nos sintamos mejor, le echamos la culpa. Como es natural, nuestra pareja no puede «curarnos», porque somos nosotros los únicos que podemos procurarnos la sanación que necesitamos.

Cuando nos responsabilizamos de nuestra sanación, nos desprendemos de la constante e insistente actitud de «Por favor, cúrame», sustituyéndola por la actitud de: «Me basto a mí misma y agradezco tu atención, ánimo, afecto y admiración si estás en condiciones de ofrecérmelos». Cuando te sanas, comprendes que tu felicidad y tu paz interior ya no dependen del apoyo constante o la adoración de otros.

A medida que tratas de sanar tu relación contigo misma, puedes empezar a tratar de sanar tus percepciones de tus relaciones, anteriores y actuales, con otras personas. Observa que, en lo que respecta a otras personas, decimos que ha llegado el momento de sanar tus *percepciones* de esas relaciones en lugar de tus relaciones actuales.

¿Por qué tus percepciones? Por dos motivos: primero, a veces tu relación actual no puede sanar; por ejemplo, si la persona en cuestión ha muerto, o no conviene o no es prudente que sigas en contacto con la otra parte, o ésta no desea reparar vuestra relación. Segundo, lo más importante que puedes sanar, incluso más allá de la misma relación, es tu historia interior, o tus percepciones del pasado, porque son tus pensamientos sobre estos hechos pasados los que te envenenan emocionalmente cuando los revives una y otra vez en tu mente. Así, te castigas con una carga de emociones negativas cada vez que evocas esta vieja relación, que ya no debe tener ninguna influencia en tu presente o tu futuro.

Perdón

El perdón es la herramienta más transformativa con que contamos para sanar nuestras heridas con nosotros mismos, con nuestros padres o con otros adultos que nos criaron y las heridas de nuestras parejas, anteriores y presentes. El perdón es un proceso multifacético que abarca desde desprendernos de nuestro sufrimiento hasta la decisión de desear el bien a la persona que nos ha lastimado. Puede ir más lejos e incluir una práctica profundamente espiritual mediante la cual abrazamos nuestro sufrimiento y liberamos a la persona que nos lastimó, despejando el camino para alcanzar la completa absolución.

Y lo que es más importante, el perdón permite liberarte de la constante carga de dolor. Purifica nuestros corazones para que nos amemos a nosotros mismos y a otros plenamente. Cuando nos aferramos al dolor y al sufrimiento que llevamos dentro, construimos un dique que bloquea las aguas del amor incondicional; pero cuando dejamos que esas aguas fluyan, hallamos alegría y una belleza renovada en los puntos donde nuestras heridas han cicatrizado.

Perdonamos porque deseamos disfrutar del presente y mirar el futuro con esperanza. Perdonamos porque estamos empoderados para dejar a un lado el bagaje del pasado que nos lastra. No perdonamos coaccionados o por un sentimiento de culpa, sino porque comprendemos que los pensamientos y los sentimientos de resentimiento, rencor e ira son, como dice el refrán, el veneno que nos administramos a nosotros mismos con el propósito de herir a otra persona.

Cuando miramos con amor benevolente y compasión, vemos que la persona que nos ha lastimado no es mala sino que estaba confundida, que perseguía lo que creía que deseaba. Al echar la vista atrás y contemplar nuestro pasado, los momentos de los que nos avergonzamos, nos vemos con afecto, como alguien que más que culpable estaba perdido, que en ese momento trataba de hacer las cosas lo mejor posible.

El perdón no sólo es para las cosas importantes. Nuestra relación actual puede verse lastrada por cien, mil o diez mil cosas insignificantes que reprochamos a nuestra pareja o a nosotros mismos, y al cabo de un tiempo el peso de esas cosas insignificantes puede ser tan dañino como los grandes acontecimientos traumáticos. Pueden eliminar la creatividad, la conexión y la amabilidad de nuestras interacciones cotidianas con nuestra pareja. Cuando te abres al perdón tienes la oportunidad de soltar esa carga, aclarar el ambiente y resolver las pequeñas cosas que impiden que tú y tu pareja seáis felices.

El perdón es un ideal maravilloso, pero a menudo oímos decir: «No puedo perdonar a esta persona. El daño que me hizo es demasiado profundo». Entendemos estos sentimientos y reconocemos que en muchos casos el perdón es un proceso difícil, que no se puede forzar. Al mismo tiempo, si sufres un dolor insoportable, procura desechar la noción de un perdón beatífico y absoluto. Asimismo, desecha cualquier sentimiento de vergüenza que experimentes respecto de quién eres en este viaje personal de perdón. En lugar de tratar de perdonarlo todo de una vez, ahora, pregúntate qué ganas aferrándote a tu ira o resentimiento. Los seres humanos no solemos hacer las cosas sin motivo. Puede que tu dolor forme parte de tu identidad y te aterre liberarte de él. ¿Qué temes que ocurrirá si perdonas? ¿Que vuelvan a hacerte daño? ¿Que pierdas tu autoestima? ¿Tu buen juicio? Responder a estas preguntas puede ayudarte a analizar a fondo los obstáculos que te impiden emprender la senda del perdón y liberarte de lo que te causa sufrimiento.

Por último, debemos insistir en la importancia de los rituales a la hora de perdonar y reivindicar tu poder emocional. Con tal fin, hemos incluido algunos rituales en la parte de las exploraciones de este capítulo que pueden ayudarte a sanar de tus viejas heridas y a modificar viejas creencias e ideas caducas sobre ti misma y el mundo que te mantienen atrapada en el pasado. Los rituales son una expresión exterior de tu intención interior de sanar. Así, la sanación se convierte en algo más que una idea que te ronda la cabeza. Mediante los rituales, utilizas el poder de la acción para apoyar tu intención. Muchos de nuestros estudiantes y amigos nos han manifestado que han conseguido grandes progresos en sus relaciones cuando han sido capaces de perdonar sin reservas, y en todos los sentidos, mediante el uso de rituales.

En un caso, una amiga nuestra decidió llevar a cabo un ritual de perdón en un parque municipal, el lugar donde años atrás, y para su sorpresa, su novio había puesto fin a la relación que mantenían. Aparte del disgusto que le causó la ruptura, nuestra amiga pasaba a menudo en coche por este parque y cada vez que lo hacía recordaba aquel día aciago y sentía un torrente de emociones. Decidió que la mejor forma de sanar era utilizando el ritual del perdón (incluido en el segundo ejercicio al final de este capítulo), que llevó a cabo en el mismo lugar donde su novio le había dado la noticia. Más tarde nos explicó que no sólo experimentó un increíble alivio después de practicar el ritual, sino que reivindicó su poder emocional respecto del parque. Ahora, cuando pasa en coche por él, lo ve como un profundo recordatorio de su propio poder para perdonar y transformar mediante una sanación activa.

Exploraciones

Hemos abarcado muchos aspectos en nuestros comentarios sobre el perdón, pero estas amplias pinceladas constituyen los pasos más básicos del viaje de sanación. Hay muchas vías que conducen al perdón, y cada persona emprende un viaje distinto. Dicho esto, centrémonos en las técnicas de sanación que han resultado más eficaces para nuestros estudiantes y para nosotros. Si las siguientes prácticas de sanación que proponemos no te convencen, sigue buscando hasta encontrar las que te satisfagan. Recuerda: el regalo más valioso que puedes hacerte a ti misma y a tu pareja es responsabilizarte de tu sanación.

Lista para la sanación

Escribe en un papel las ideas de tu infancia o de antiguas relaciones en las que creías, pero que ahora comprendes (o sospechas) que ya no te resultan válidas. El propósito aquí no es culpar o avergonzar, sino llevar a cabo una valoración a fin de tomar nota de lo que debes sanar ahora. Aquí tienes algunos ejemplos:

Mi percepción de los hechos	Resultado
Mi padre bebía mucho y se ausentaba con frecuencia. No estuvo presente en muchos acontecimientos importantes para mí.	A veces busco afecto, sentirme apreciada, y necesito que otros estén presentes en acontecimientos que son importantes para mí.
Los adultos en mi vida discutían de forma violenta y se insultaban mutuamente.	Detesto las conversaciones estridentes, aunque no sean ofensivas. Evito a toda costa las confrontaciones.
Mi anterior pareja me fue infiel.	Me aterra la posibilidad de que mi pareja me haga lo mismo, hasta el extremo de que a veces soy dominante y trato de controlar sus acciones.
Mi madre no era una persona afectuosa.	A veces necesito sentir un contacto físico, y cuando me invade el deseo de una conexión física, me precipito o no tengo en cuenta otras consideraciones.

Este ejercicio refuerza nuestra concienciación, y pone en marcha el proceso de sanación, simplemente, al definir nuestras heridas que no han cicatrizado. No menos importante, puede ser un punto de partida que aplicar a los ejercicios de perdón que ofrecemos a continuación.

Ritual de perdón

Anota en un papel el nombre de cada persona que crees que te ha tratado mal y que no has perdonado.

Repasa la lista de nombres uno por uno y piensa brevemente en los incidentes relacionados con cada uno de ellos.

A continuación, lee la siguiente declaración en voz alta:

Yo, _____, deseo ser capaz de perdonar a todas las personas que me han lastimado y me han hecho sufrir en el pasado. He elegido perdonarlas para que sus acciones pasadas no puedan afectar mi presente. Mi deseo es contemplarlas con los ojos del amor incondicional. Asimismo, me perdono a mí misma por todo lo relacionado con esos eventos. En aquellos momentos actué como creí oportuno. Rezo para que estas personas y yo logremos experimentar amor y paz ahora y en el futuro.

Cuando el dolor causado por otros es extremo, rara vez basta con un solo acto de perdón. Por tanto, la declaración incluida más arriba puede ser una herramienta, repetida cada vez que los acontecimientos de tu pasado se reproducen en tu mente y sientes la carga de emociones negativas al mismo tiempo que tu mente trata de conducirte por el camino de la negatividad y el amor condicional.

Si hay alguien en la lista a quien te cuesta perdonar, recita la oración que ofrecemos más abajo cada noche antes de acostarte, insertando el nombre de esa persona:

Rezo para que _____ obtenga todo cuanto desea en la vida, incluidas la experiencia del amor incondicional, la paz y la felicidad.

Puede que estas palabras te produzcan rechazo, puesto que la perspectiva de rezar para que esa persona que te ha hecho daño consiga amor y todo cuanto desee quizá sea lo contrario a lo que crees que deseas para ella. Entendemos que te sientas así, pero te animamos a que recites esta oración. Repítela cada noche durante dos semanas, aunque no pronuncies las palabras con sinceridad. Muchas personas que han practicado este ejercicio de forma regular durante dos semanas se han asombrado de los cambios que se han producido en ellas respecto de los daños que sufrieron tiempo atrás. Esta oración ofrece una alternativa a las fantasías de castigo que nos consumen y aprisionan.

Recuerda, perdonar a otros es algo que haces por ti, no por ellos. Perdonar no significa que olvides los hechos del pasado o que justifiques cualquier acción, sino que te libera de estar dominada por ellos.

Diálogo de perdón

Este ejercicio consiste en dos partes escritas, cada una de aproximadamente un párrafo de extensión.

PARTE I

Para empezar, piensa en una antigua relación e identifica un hecho o una situación en que experimentaste un gran sufrimiento a manos de otra persona. Puede ser una relación íntima o una relación con tu padre o tu madre, pero debe de ser un hecho importante que cambió la forma en que veías a esa otra persona y el mundo.

Escribe los detalles del hecho como si se los explicaras a alguien que no sabe nada de lo ocurrido. No te apresures y recrea los pormenores en tu mente, retrocediendo al momento para que puedas recordar lo que sucedió. Medita sobre las sensaciones que experimentaste en tu cuerpo, qué estabas pensando, cómo te sentiste y qué hiciste. Esta es la parte importante: escribe desde tu perspectiva *en ese momento*, no desde donde te hallas ahora. Siente todas las emociones que te genera ese momento, deja que tus sentimientos fluyan, no te reprimas pensando qué está bien y qué está mal, ni trates de perdonar. Recuerda, este ejercicio es para ti y, a menos que elijas compartirlo con otra persona, tú serás la única que sabrá de él.

He aquí un ejemplo de una de nuestras estudiantes:

Una mañana salí de casa para ir a trabajar, como suelo hacer, y a los quince minutos de haber partido en coche me di cuenta de que había olvidado algo que necesitaba para una presentación que iba a hacer ese día. Di media vuelta para volver a recogerlo. Tardé a lo sumo unos veinticinco minutos en llegar a casa.

Cuando me detuve en la entrada, vi que el coche de mi novio aún estaba en el garaje, pero había otro coche aparcado frente a la casa que parecía el de una de sus colegas del trabajo. Esto me chocó y me pregunté qué hacía esta mujer aquí, sobre todo dado que en casa sólo estaba mi novio. De inmediato sentí un pellizco de ansiedad en la barriga.

Abrí la puerta de entrada sin hacer ruido y entré en mi casa. Es difícil describir la extraña sensación de angustia y casi pánico que experimenté por una parte, mientras otra parte de mí, mi mente pensante, insistía en que debía de existir una explicación lógica. En el cuarto de estar no había nadie, de modo que me encaminé por el pasillo hacia los dormitorios, y al aproximarme oí el sonido de la ducha.

Lo que sucedió a continuación hace que me entren ganas de vomitar, pero oí a mi novio gemir sonoramente mientras él y esa chica practicaban sexo en nuestra ducha, en la casa que mi novio y yo compartíamos, unas semanas antes de la fecha de nuestra boda. Entré en el baño y los miré a través del cristal de la ducha. Mi voz desapareció, ahogada por el torrente de emociones que me invadió. Me quedé inmóvil unos segundos, en silencio, hasta que ella me vio y gritó. Mi novio me miró y soltó algo sobre qué hacía yo allí. Me di media vuelta y abandoné la casa hecha un mar de lágrimas.

Recuerdo que me sentí asqueada con él y con ella, y al mismo tiempo disgustada conmigo misma. ¿Cómo no me había dado cuenta de lo que ocurría? ¿Acaso no era yo lo bastante buena para él? Salí de la

casa corriendo, aturdida por el cúmulo de pensamientos y emociones que me asaltaban, y me monté
en el coche, mientras mi novio no cesaba de gritar
mi nombre. Durante las semanas sucesivas averigüé
que mi novio había estado también con otras mujeres. Rompí mi compromiso con él y me mudé a casa
de mis padres.

En este ejemplo, nuestra estudiante no sólo se sintió
traumatizada por el comportamiento de su novio, sino que
utilizó esto como motivo para volverse contra ella misma y
reprocharse «no ser lo bastante buena para él». Quizá tu
pasado no sea tan dramático como éste, o quizá sea más
dramático. Para obtener el máximo provecho de este ejercicio, te aconsejamos que no sigas leyendo hasta que hayas escrito el ejemplo de tu propia vida. Cuando lo hayas hecho,
retoma el libro y continúa con el ejercicio.

PARTE 2
La próxima parte requiere tu imaginación, puesto que quieres sanar tu percepción sobre tu relación con otras personas.

En primer lugar, imagina que te encuentras con la persona que te hizo daño, pero sólo en su forma espiritual. Puedes
decir lo que quieras sin temor. Dile lo que sientes realmente
sobre ella y la situación.

Éste es el ejemplo de nuestra estudiante:

Jim, estoy furiosa y apenada por lo ocurrido. Me parece increíble que me fueras infiel. Estuvimos juntos

cinco años. Creí que eras mi mejor amigo. Más tarde me culpé también a mí misma, pensando que de alguna forma yo era la causa de tu infidelidad. He luchado con esto mucho tiempo, preguntándome si no pude haber hecho las cosas de otro modo para impedir que esto ocurriera.

A continuación, trata de imaginar lo que esta persona te diría, y —entendemos que puede ser complicado—, sólo lo que te diría desde el amor incondicional. Es difícil, pero te invita a utilizar el poder de la compasión y la benevolencia y experimentar la noción del amor que recibes de esa persona. Escribe el diálogo que se desarrolla en tu imaginación entre tú y esta persona.

Éste es el ejemplo de nuestra estudiante:

Siento haberte hecho daño, Beth. Lo que hice fue inaceptable. Siento mucho que nos vieras, y sé que te costará borrar esa imagen de tu mente. Has sido una amiga y compañera maravillosa, y lo cierto es que no acabo de comprender por qué hice lo que hice, pero sé que no tuvo nada que ver contigo. Te ruego que me perdones y dejes de odiarme. Deseo que sigas adelante con tu vida y seas feliz. Cuando te acuerdes de mí, espero que puedas recordar los buenos momentos que pasamos juntos en lugar de este lamentable incidente que ocurrió al final. Te quiero, y te pido que me perdones.

Este ejercicio te permite conectar con tus sentimientos en aquel momento, expresarlos y luego escuchar una cariñosa respuesta de la otra persona.

Ceremonia de perdón para parejas

Si tu pareja está de acuerdo, podéis probar lo que llamamos la ceremonia de perdón, que hunde sus raíces en una antigua tradición africana en la que los esposos se unen para perdonarse uno al otro sus fallos y empezar de cero.

Ambos se turnan, compartiendo sus agravios y frustraciones con su pareja. Gritan, gimen y se lamentan. Primero habla una persona, manifestando todo lo que siente, mientras la otra escucha sin decir nada. Luego habla el otro miembro de la pareja. Después de que ambos han expresado todas sus quejas, permanecen sentados en silencio y se abrazan. El abrazo significa que ambos convienen en despojarse de los agravios que compartían.

5

El secreto de la alegría

El amor no permanece estático, como una piedra, hay que elabo-
rarlo, como el pan; rehacerlo continuamente, renovarlo.

Ursula K. Le Guin

En nuestras conferencias y talleres, las parejas a menudo nos
cuentan una historia que resulta familiar. Llevan juntos bastante tiempo, no dudan del amor que se profesan mutuamente, no se ha producido ningún suceso traumático ni un
abuso de confianza como una infidelidad, pero ambos sienten que la chispa se ha debilitado o incluso se ha apagado en
su relación.

Algunas de estas parejas son padres de hijos de corta edad
que ocupan buena parte de su tiempo; otras achacan el problema a sus ajetreadas agendas laborales o a las obligaciones de
cuidar de una madre o un padre ancianos. Todas estas parejas
comparten el problema común de no sentirse tan conectadas o
revitalizadas por sus respectivos compañeros como tiempo
atrás, y temen que su relación no vuelva a ser tan satisfactoria
como antes.

Para colmo, esta falta de conexión energética a menudo afecta también la intimidad de la pareja en el dormitorio. Si antes existía una fuerte química entre ellos, las cosas se han vuelto aburridas y rutinarias. Aunque los pormenores de cada relación varían, las parejas en esta situación suelen formular las mismas preguntas: ¿cómo podemos reavivar la pasión que sentíamos antes? ¿Qué podemos hacer para recuperar la sensación de alegría en nuestra relación?

Este tipo de preguntas nos llevan al siguiente secreto transformativo de una relación sana y feliz: la alegría. La mayoría de personas lo que buscamos es precisamente alegría cuando entablamos una relación. Sin duda, todos queremos experimentar alegría cuando pensamos en nuestra relación.

Para profundizar en el tema, ¿qué más podemos averiguar sobre la naturaleza de la alegría? ¿Qué significa, en el contexto de una relación, anhelar alegría y comprobar que falta? ¿Qué función tiene la alegría en nuestra vida? La alegría contiene numerosos elementos: curiosidad, conexión, sorpresa, comodidad, orgullo, dicha, sentido del humor y esperanza. Se manifiesta en nosotros cuando nos mostramos abiertos, presentes y plenamente comprometidos. Piensa en un niño en un momento de asombro —por ejemplo, cuando contempla el mar por primera vez—, o cuando a un bebé le parece algo divertido y suelta una sonora y contagiosa carcajada. Sin alegría, somos meras sombras de nosotros mismos: cerrados, fríos, temerosos y desagradecidos.

La alegría aparece después de la sanación porque si nos negamos a contemplar nuestro dolor emocional, a sentirlo y sanar de él, no podemos liberarnos de él por completo y experimentar alegría. Aunque pueda parecer contradictorio, la alegría aflora en la experiencia plena de la vida. No podemos encerrarnos en nosotros mismos u ocultar nuestro dolor sin cerrarnos al mismo tiempo a la alegría. Así, aunque buena parte de este capítulo está dedicado a la forma en que podemos incorporar más alegría a nuestra vida, cabe señalar que es al honrar todas nuestras experiencias y emociones (incluso las menos gratas) cuando abrimos las compuertas a una alegría más maravillosa.

Hablando en términos prácticos, existen tres formas concretas de cultivar la alegría en tu relación: la creatividad, la curiosidad y los juegos, y el placer sexual.

La creatividad

La primera forma de cultivar una sensación de alegría en tu relación es a través de la creatividad. Cuando decimos esto en nuestros talleres, siempre hay alguien que se apresura a observar: «¡Pero yo no soy una persona creativa!» Según nosotros, no hay nada más lejos de la realidad. Decir «no soy una persona creativa» equivale a decir «no soy humano». A nuestro entender, ninguna de estas afirmaciones tiene sentido.

La verdad es que los seres humanos somos los creadores más prolíficos del planeta. Todos creamos cada día, aunque muchos no seamos conscientes de ello. Piensa un momento en todas las cosas que los humanos hemos creado de la nada. Desde los edificios en los que habitamos hasta las tecnologías que nos conectan con los sistemas de comercio de que disfrutamos y las leyes que nos permiten convivir, nuestra creatividad está en todas partes.

Piensa en tu casa y tu vida profesional. ¿Qué has creado en estos ámbitos? ¿Una relación amorosa o una familia? ¿Un trabajo bien hecho para tus clientes o tu empleador? ¿Has preparado una comida especial, has escrito una sentida nota o has plantado un jardín? Cuando empezamos a valorar la creatividad que utilizamos todos los días, empezamos a comprender que, en lo que respecta a la imaginación humana, las posibilidades son infinitas. Incluso nuestro lenguaje nos dice que no podemos evitar crear el mundo como un medio para comprenderlo. Piensa en nuestras metáforas: «hoy lo veo todo negro» o «esta noticia es la bomba». Creamos el mundo alrededor de nosotros mientras pensamos y hablamos: en color, sonidos y vibraciones energéticas. Basta con que seamos conscientes de ello para empezar a utilizar nuestras facultades creativas.

Por supuesto, entendemos a qué se refiere una persona cuando dice «No soy creativa». En este contexto, las personas suelen reservar la palabra *creativa* para referirse a quienes se dedican a las artes tradicionales, o aseguran que no son creativas porque no se les ocurren ideas nuevas o no tienen una mentalidad innovadora. Sin embargo, todo ser humano es un artista. Esta verdad era más que evidente para los antiguos toltecas, puesto que la palabra *tolteca* significa «artista». A su entender (y al nuestro), todos los seres humanos somos artistas, y nuestro arte se expresa en la forma en que creamos la historia de nuestra vida.

Sucede algo asombroso cuando creamos conscientemente cosas en nuestra vida, porque al hacerlo nos sentimos vivos y conectados de una forma que ninguna otra experiencia nos hace sentir. Crear de modo consciente significa que te propones hacer o llevar a cabo algo nuevo, algo cuyo proceso de creación te ilusiona y hace feliz. Así es como nos sentimos pintando, esculpiendo, escribiendo, componiendo o interpretando música, pero también cocinando, cosiendo, bailando, dibujando, bordando, trabajando la madera o aprendiendo un nuevo oficio o pasatiempo.

De niños somos naturalmente creativos y pasamos buena parte del día pintando con lápices de colores, confeccionando cosas, bailando y cantando. A medida que nos hacemos mayores desechamos muchas de estas cosas, sobre todo si otros nos dicen cosas como «no eres creativo» y los creemos. Crear conscientemente es un medio de reconectarnos con la fascinación de la vida y la alegría que sentimos en nuestros momentos más imaginativos de niños.

Volviendo al tema de las relaciones, muchas de las parejas que nos consultan han olvidado la magia de la creatividad. Cuando una relación comienza, ambos creáis juntos algo nuevo, aunque no seáis conscientes de ello o no lo veáis así. El mero hecho de construir juntos una relación es un proceso creativo: probáis juntos cosas nuevas, crecéis en el amor y la confianza mutuos, y quizás os embarquéis en unas creaciones más trascendentales como el matrimonio o los hijos.

Pero, para muchas parejas que llevan un tiempo juntas, las cosas cambian y olvidan la chispa creativa. La rutina cotidiana y las responsabilidades de mantener el hogar acaban imponiéndose: el trabajo, los hijos, los quehaceres domésticos, las facturas..., todo pasa a ser más «importante». Lo que antes era una novedad ahora resulta monótono, y algunos incluso nos preguntamos si hicimos bien en embarcarnos en esta relación.

Cuando te sientas agotada o harta, el truco consiste en incorporar de nuevo el poder de la creatividad a tu relación. Utiliza esta energía especial para encauzarla en nuevos proyectos o aficiones. Las posibilidades son infinitas. Podéis crear en ámbitos que os atraigan a los dos, o, mejor aún, emprender juntos nuevos proyectos que os ofrezcan la posibilidad de descubrir nuevas pasiones. Quizá requiera cierto valor emprender un nuevo proyecto creativo con tu pareja, pero las maravillosas recompensas que obtendrás lo merecen.

Para empezar, enfócalo de esta forma. Puedes estimular la creatividad en tu relación de dos formas: haciendo algo nuevo o haciendo algo antiguo de modo novedoso. Así, aunque no estés preparada para emprender un nuevo proyecto creativo, siempre puedes renovar tus actividades actuales.

¿Qué podéis hacer tú y tu pareja juntos que os resulte novedoso e ilusionante para los dos? ¿Qué aficiones compartís? Si os gusta la gastronomía, apuntaos a un curso de cocina. ¡Aprended a bailar salsa! Escapaos un fin de semana. Apuntaos a una clase de *fitness* que ninguno hayáis probado antes. Dedicaos a la observación de aves. Leed juntos un libro en voz alta. Nuestra única recomendación es que, sea lo que sea que elijáis, debe ser algo realmente novedoso que os guste a los dos. (Por ejemplo, si siempre te ha atraído el automovilismo pero tu pareja detesta la velocidad, es preferible que practiques esta afición sola).

Si aún no estáis preparados para practicar juntos el paracaidismo de caída libre, podéis obtener los mismos beneficios aportando un aire novedoso a vuestras presentes actividades. Cambiad de hábitos. Probad nuevos restaurantes en lugar de ir siempre a los mismos. Mirad juntos una nueva serie de televisión o una nueva película. Duerme unos días en el lado de la cama que ocupa tu pareja. Incluso un pequeño cambio como ése puede ser agradable. Algunas de nuestras comidas familiares favoritas cuando éramos niños consistían en unas tortitas improvisadas a la hora de la cena. Si quieres hacer feliz a tu pareja, piensa en algo que solías hacer al principio de vuestra relación y vuelve a hacerlo dándole un aire renovado. Si tenías la costumbre de regalarle rosas rojas, envíale unas rosas de color púrpura con una nota sobre lo que sientes conforme tu amor se hace más profundo e intenso. Un gesto como éste es un recordatorio de tu amor manteniéndolo renovado y creativo.

Cuando reintroducimos la creatividad en nuestras relaciones y en nuestra vida personal, encontramos el tesoro de la alegría que enterramos de niños.

Curiosidad y juegos

Con frecuencia, tenemos problemas en nuestra relación cuando creemos conocer bien a nuestra pareja o a nosotros mismos. Esto puede conducir a una especie de rigidez en nuestra forma de pensar y en nuestras interacciones con la persona que amamos. Y cuanto más tiempo pasamos juntos, más nos engañamos pensando que poseemos suficiente información como para «estar al tanto de la situación». Cuando nos percatamos de que pensamos de esta forma, en particular si nuestra relación se ha marchitado un poco, es el momento de comprometernos con la curiosidad.

Una de las formas más sencillas de hacerlo es formular preguntas. Aunque a menudo hacemos preguntas a nuestra pareja al comienzo de la relación, conviene no olvidar esta importante práctica cuando la relación madura. Las preguntas son un medio de indicar a tu pareja que quieres saber más sobre ella, lo que refuerza automáticamente tu conexión con ella. Las preguntas que empiezan con «cómo» o «qué» suelen ser abiertas y muy efectivas: «¿Cómo te sientes sobre XYZ?», «¿Qué te apetece hacer esta noche?», «¿Cómo te ha ido hoy en el trabajo?» y, a modo de pregunta adicional, «¿Qué puedo hacer para que comprendas lo maravillosa/maravilloso que eres?»

También puedes incorporar un espíritu de curiosidad a tus interacciones cotidianas, idear pequeños experimentos o retos que llevar a cabo con tu pareja: «¿Qué pasa si le doy un beso a mi amor cada vez que estamos en la cocina?», «¿Qué sientes cuando pides, y obtienes, un masaje en las manos o en los pies?», «¿Cuántos paseos podemos dar juntos en una semana?»

La curiosidad requiere un corazón abierto, generosidad de espíritu y una auténtica presencia física y mental. La curiosidad abre la puerta a nuevas vías de creatividad. Es importante tener en cuenta que la curiosidad también es una potente herramienta para afrontar el dolor y superar las dificultades en una transformación. Cuando tú o tu pareja, o ambos, estéis sufriendo, preguntaos uno al otro con benevolencia: «¿Qué está pasando? ¿Qué me ocurre a mí, o a nosotros? ¿Qué sentimos en nuestros corazones y nuestras mentes en estos momentos?» Las respuestas a estas preguntas quizá no sean fáciles, pero os conducirán a un territorio nuevo y fértil e incrementarán vuestra conexión mutua.

El próximo ingrediente en la receta de la alegría consiste en incorporar un espíritu lúdico a tu relación. Al igual que cuando nos mostramos creativos, jugar es uno de los pasatiempos con los que más disfrutamos de niños pero que solemos dejar de lado cuando nos hacemos mayores. Sustituimos el juego por el trabajo, el colegio, las responsabilidades, el ejercicio e incluso cosas como prácticas espirituales o técnicas de superación personal. Todas estas actividades que realizamos de adultos están muy bien, pero también debemos procurar sacar tiempo para divertirnos, especialmente con nuestra pareja.

Cuando nos tomamos demasiado en serio las actividades de la vida, esto puede debilitar la llama de nuestra relación. Jugar juntos es un método infalible para prevenir el aburrimiento en una relación. Nos guste o no, el aburrimiento es uno de los motivos principales por los que termina una relación, lo que ocurre cuando ambas partes dejan de valorarse mutuamente. No es la gota que desborda el vaso, sino una de las primeras, pues propicia la pérdida de conexión, el desencanto e incluso la infidelidad.

A veces la solución es tan simple como que tú y tu pareja soltéis unas sanas y sonoras carcajadas, lo que crea una alegría especial. A la hora de jugar, recomendamos que elijáis algo sólo para divertiros. ¡En serio! Es importante buscar actividades que no practiquéis para conseguir algo o mejorar de alguna forma, sino sólo por pura diversión y para experimentar la alegría que proporciona.

Aunque queremos que tú y tu pareja juguéis de forma individual como parte de los dos primeros secretos (comprometerte contigo misma y conceder libertad a tu pareja), aquí nos referimos a juegos que practicaréis juntos. Busca diversiones que podáis realizar juntos. Recuerda que tu pareja es uno de tus mejores amigos, si no el mejor, por lo que incluir a esta persona en tus diversiones es una parte importante de cultivar la alegría en la relación.

Una pareja que conocemos llegó al extremo de adquirir una mesa de comedor que hacía las veces de mesa de pimpón. Encargaron a un amigo carpintero que les hiciera una sólida mesa de madera con unos ganchos metálicos en los laterales para poder instalar fácilmente una red cuando lo desearan. En cuanto retiraban los platos de la mesa, ¡empezaba la diversión!

Si mantienes una relación desde hace tiempo y sientes que has caído en la rutina, buscar nuevas formas de jugar con tu pareja puede avivar la llama. Aunque buena parte de nuestros consejos respecto de las relaciones se centran en temas serios, insistimos en la importancia de sacar tiempo para divertirse. La vida sigue su curso. Los planes cambian. Buscar el medio de reíros y divertiros al margen de cualquier contrariedad puede recordaros a ti y a tu pareja la razón por la que estáis juntos.

Otra ventaja adicional es que cuando empieces a incorporar más ratos divertidos a la relación con tu pareja, comprobarás que ese espíritu lúdico se traslada al dormitorio, lo que nos lleva a nuestro próximo elemento de alegría: el placer sexual.

El placer sexual

Para la gran mayoría de parejas, el sexo es un componente vital a la hora de crear alegría en la relación. Para las parejas monógamas, el sexo suele ser una actividad sagrada que reservas sólo para ti y tu pareja íntima. Pocas cosas unen más a una pareja y son más empoderadoras que practicar el sexo con entusiasmo, intensidad y pasión. Y pocas cosas acrecientan más la sensación de soledad que un sexo frustrante, unilateral, o la ausencia de sexo.

La mayoría de relaciones comienzan en una sopa hormonal de placer y conexión. Deseamos estar a todas horas con nuestro amor, y todo lo que éste hace nos proporciona alegría. Pero a medida que la relación madura, prácticamente todas las parejas que conocemos experimentan altibajos en los aspectos sexuales de su relación.

Algunos puntos bajos no pueden evitarse debido a la naturaleza de la vida (enfermedades, responsabilidades hacia otros, emergencias y demás), pero una relación sana y feliz se recupera de ellos dedicándole un mayor cuidado y atención. Sin embargo, cuando el punto bajo se prolonga en el tiempo, es hora de comprobar si hay otros problemas que impiden la recuperación, entre ellos algunas de tus creencias domestica-das. Según nuestra experiencia, cuando el periodo hormonal inicial se disipa (a veces mucho más tarde), estas creencias son los principales culpables que afloran en la relación y te impiden gozar de la alegría que una relación sexual satisfactoria te ofrece.

Al igual que otras áreas de nuestra vida que ya hemos abordado, nuestras ideas domesticadas acerca del sexo pueden crear todo tipo de problemas internos, mucho antes de que lleguemos al dormitorio. Asimismo, muchas personas creen que los problemas que tienen con la sexualidad sólo los experimentan ellas, o que son «problemas personales», pero lo que nosotros hemos constatado como maestros y como adultos en nuestros viajes personales es que todos los seres humanos que hemos conocido han experimentado problemas con el sexo de una forma u otra, la mayoría de los cuales son generados por estas ideas domesticadas.

En lo que respecta al sexo, nosotros denominamos estas ideas domesticadas «mitos sexuales comunes», de modo que, antes de abordar diversas técnicas dirigidas a reivindicar la alegría en tu relación sexual, analizaremos algunos de los mitos más extendidos que generan problemas en las parejas que nos consultan:

❖ Debes presentar cierto aspecto para ser sexy.
❖ Debes mantener o tener cierto tipo corporal para ser sexy.
❖ Las mujeres no disfrutan del sexo tanto como los hombres.

❖ El rol principal de la mujer es complacer sexualmente al hombre.

❖ Las personas deberían saber cómo satisfacer a su pareja (sin necesidad de que las orienten o instruyan).

❖ Los hombres desean tener más sexo que las mujeres.

❖ Tener relaciones sexuales con una persona del mismo sexo es una aberración o peligroso.

❖ Después de la menopausia no disfrutas con el sexo.

❖ Ciertos actos sexuales no deben practicarse aunque ambas partes estén informadas y de acuerdo.

❖ Debes acceder a tener sexo con tu pareja aunque no te apetezca.

❖ Si has sufrido abusos sexuales, nunca podrás disfrutar del sexo.

❖ Si tienes relaciones sexuales con más de una persona, eres una «golfa» o un «donjuán».

❖ Si no puedes mantener una erección, deberías avergonzarte y abstenerte de tener relaciones sexuales.

❖ A medida que te haces mayor, disfrutas menos con el sexo.

Creer estos mitos, aunque inconscientemente, puede cambiar la forma en que contemplas tu relación con tu pareja y cómo abordas tus relaciones sexuales. Las creencias domesticadas en materia de sexo están muy arraigadas, por lo que es difícil verlas como creencias en lugar de «las cosas son como son». Por ejemplo, en nuestros talleres casi siempre hay alguien que afirma que una o más cosas de esta lista son objetivamente ciertas y no mitos. Comentan, por ejemplo:

«Leí un artículo que decía que los hombres quieren más sexo que las mujeres». Nuestra respuesta siempre es la misma: «¿Lo crees porque es verdad? ¿O crees que es verdad porque estás convencida de ello?»

Lo que queremos decir con esta respuesta es que, cuando mantenemos unas creencias que se basan en afirmaciones generales que la gente sostiene desde hace mucho tiempo, nos cuesta interpretarlas como creencias y las confundimos con hechos reales. Por consiguiente, cuando iniciamos esta exploración en materia de sexo, te invitamos a familiarizarte con tus creencias sobre el sexo y la forma en que éstas pueden incidir en tu vida sexual.

El sexo es mucho más mental de lo que supone la gente, lo cual es muy fácil de demostrar, y tú misma puedes experimentarlo. Por ejemplo, un pensamiento sobre el sexo, por no hablar de una fantasía sexual, puede estimular tu cuerpo e incrementar la irrigación sanguínea de tus órganos sexuales, generando una erección o secreciones vaginales. No es necesario que se produzca un contacto físico para que esto ocurra: *es consecuencia de lo que estás pensando*. Así, en el caso de muchos problemas sexuales, modificar lo que piensas sobre el sexo es tan importante como modificar cualquier comportamiento físico. Lo que piensas sobre el sexo es tan importante como lo que haces.

A medida que analizamos algunos de estos mitos mentales podemos establecer una nueva relación con el placer sexual. Al margen de la fase en que te encuentres en tu relación, desde los inicios del romance hasta una relación sólida y duradera, conocer la conexión entre tu mente y tu sexualidad puede ayudarte a mantener tu jardín sensual en flor.

Para empezar nos centraremos en lo que llamamos las tres *pés*: permiso, presencia y práctica. Estas herramientas pueden ayudarnos a eliminar cualquier bloqueo mental y viejas domesticaciones que tengamos respecto del sexo, revitalizar y reavivar nuestra vida sexual con nuestra pareja y aportar alegría a nuestra relación.

Permiso

Tu cuerpo es capaz de experimentar placer sexual.

Una afirmación que merece repetirse.

Tu cuerpo es capaz de experimentar placer sexual.

La pregunta es: ¿te das permiso para sentir placer sexual? Aunque muchas personas están seguras de que se permiten experimentar placer sexual, un análisis más profundo a menudo revela que hay unas voces inconscientes en nuestra cabeza, fruto de la domesticación, que nos dicen que el placer sexual es nocivo, egoísta e incluso sucio. Por consiguiente, algunos tenemos unas nociones de vergüenza o culpa muy arraigadas acerca del sexo que se ven continuamente reforzadas por una complicada mentalidad respecto del sexo en nuestra sociedad.[1]

Nos bombardean con mensajes contradictorios sobre el sexo, la sexualidad y la sensualidad, desde los medios de

---

1. Cabe señalar que tener ideas domesticadas acerca del sexo que te impiden gozar de placer sexual es distinto de la experiencia de algunas personas que no desean tener relaciones sexuales. Una persona asexual puede no querer tener sexo y carecer de deseos sexuales que la motive a practicar sexo, mientras que otras personas pueden querer practicar sexo pero les cuesta experimentar placer sexual. Con el fin de desarrollar el tema del «permiso», nos centraremos en las personas que desean practicar sexo pero tienen un bloqueo mental que les impide experimentar placer sexual debido a sus domesticaciones y sus arraigadas ideas.

comunicación, la religión, las creencias familiares e incluso los estudios científicos. Nos califican como «buenas» o «malas» personas según estándares sexuales y de género. Desde ser una «chica buena y recatada» hasta ser elogiada por «funcionar bien en la cama», desde ser criticado por ser un «chico sexy y malote» hasta ser respetado como un «buen hombre recto y protector». Estas etiquetas están revestidas de numerosas capas de valores y juicios de los que no podemos escapar sin analizarlos. Asimismo, la idea del placer, que entendemos como fundamentalmente «bueno», puede cambiar en función de nuestras arraigadas ideas. Si se trata de «placer sensual», el sentimiento es más complicado, con connotaciones hedonistas y autocomplacientes. Este mensaje subyacente, que vincula el placer con una peligrosa autocomplacencia, puede frustrar nuestros intentos de explorar de forma sana los placeres del sexo.

También nos negamos el permiso de experimentar placer cuando nos avergonzamos de nuestro cuerpo. Por ejemplo, si sueles criticar o rechazar tu cuerpo por no «estar a la altura» en algún sentido, al mismo tiempo estás programando sutilmente tu mente para que rechace tu cuerpo a la hora de experimentar placer sexual. Aunque te animamos (¡a ti y a todo el mundo!) a que ames y aceptes tu cuerpo tal como es, entendemos que esto les resulta muy difícil a algunas personas.

Dicho lo anterior, empieza por observar la conexión entre lo que piensas sobre tu cuerpo y cómo afecta esto tu vida sexual. Si criticas o no aceptas tu cuerpo tal como es, te costará sentirte sexy o relajada cuando te desnudes delante de tu pareja. Por consiguiente, lo que piensas sobre tu cuerpo puede enfriar la pasión antes de iniciar cualquier actividad sexual.

Si crees que este es tu caso, toma nota y repite para tus adentros: «Amo mi cuerpo como es, y me doy permiso para experimentar placer». Esto puede hacer que cambies el chip. Tu mente pensante seguirá expresando su opinión, pero el mero hecho de ser consciente de ello es un primer paso para reconocer los juicios negativos de la mente como opiniones contraproducentes en lugar de hechos. Lo cierto es que tu cuerpo es perfecto tal como es ahora, y mereces experimentar placer sea cual sea la talla de pantalón que gastes, el aspecto que tengan tus muslos, la forma de tu vientre o la cantidad y la distribución de tu vello corporal. En lugar de juzgar tu cuerpo, hónralo e invita a tu capacidad de experimentar placer.

Concédete también permiso para explorar el placer tú sola. A veces nos bloquea la falsa creencia de que sólo podemos sentir placer cuando tenemos pareja. Explora tu cuerpo y averigua qué, dónde y cómo te gusta que te toquen. Crea un espacio para darte permiso para experimentar placer. Lo necesitarás más adelante en la *P* de práctica.

Presencia

El placer requiere también tu presencia plena. Si estás distraída, tratando de controlar la situación u obsesionada con complacer a la otra persona, no estarás presente y disponible para recibir placer.

La presencia sexual consiste en focalizar tu atención en tus sentidos, en este momento. Si iniciamos una actividad sexual preocupándonos de si lo hacemos bien o mal o si nuestro cuerpo tiene el aspecto que queremos que tenga, estamos fuera del momento, en nuestra mente. A veces seguimos preocupados por hechos que ocurrieron hace un rato o pensando en lo que tenemos que hacer mañana, y esto nos aleja del presente. En tal caso, podemos hacernos regresar al presente con delicadeza observando nuestra respiración y sintonizando con nuestros sentidos. También recomendamos que apagues el teléfono móvil y otros dispositivos electrónicos durante al menos treinta minutos antes de la actividad sexual para no distraerte, pues esto te ayudará a centrarte en el momento. La tecnología es extraordinaria, pero activa nuestra mente, haciendo que nos olvidemos de nuestro cuerpo y lo que sucede en el momento presente.

Todos estos ejemplos demuestran la capacidad de la mente de influir en nuestras actitudes y comportamientos respecto del sexo en los momentos previos al acto. En lugar de seguir las divagaciones de tu mente, te invitamos a focalizar tu concienciación en tu cuerpo mientras te preparas para realizar una actividad sexual. Desvía tu atención de tu cabeza y siente las diversas partes de tu cuerpo: tus pies y tus piernas, tus manos, tu torso y, por supuesto, tus genitales. A continuación, te invitamos a prestar atención a tu entorno, pues esto también hace que te centres en tu presencia. ¿Qué colores ven tus ojos? ¿Qué olores, sabores y sensaciones se producen en esta intersección de tiempo y espacio que no volverá a producirse?

En algunas ocasiones comprobarás que cuando tú estás más presente con tu pareja, a ésta le cuesta centrarse en lo que está sucediendo. En otras observarás que tu pareja está más presente cuando tú estás distraída. La intimidad física conduce a la intimidad emocional, y a veces tememos que la otra persona nos vea tal como somos. La vía más rápida para alcanzar la intimidad es a través de la vulnerabilidad de unos cuerpos desnudos, tanto física como emocionalmente. La conexión plena con tu pareja en el momento presente es lo que cultivará la alegría en tu vida sexual.

Una última nota sobre la presencia: no dejes de estar presente después de haber alcanzado el clímax. La ciencia ha demostrado que los orgasmos liberan una sustancia química llamada dopamina en nuestro cerebro, y permanecer un rato abrazados después del acto libera una hormona llamada oxitocina. Ambas forman parte de lo que hace que te sientas físicamente satisfecha durante y después de tener sexo, otro motivo para estar presente y gozar del momento. Muchas parejas afirman que sienten un vínculo más fuerte entre ambos si permanecen un rato abrazados después de tener sexo, una sensación que se prolonga durante el resto del día. Si no sueles hacer esto con tu pareja, ¡pruébalo y verás lo maravillosamente que te sientes!

Práctica

Tu cuerpo es un instrumento de placer, y cuando te des permiso para experimentar ese placer y estés centrada en el momento, querrás averiguar los pormenores de tu instrumento con el fin de interpretar la mejor música. Además, tendrás que practicar, practicar y practicar. Cuando somos jóvenes, nuestro cuerpo es como un flamante instrumento, pero nosotros no somos músicos experimentados. A medida que nos hacemos mayores, adquirimos experiencia y aprendemos a afinar el instrumento, el sonido es más exquisito y melodioso. Te invitamos a verte como un músico y tu cuerpo como tu instrumento favorito, preparado para improvisar, aprender nuevos acordes e interpretar la música que desees.

Otra forma en que nuestra mente limita nuestra sexualidad es diciéndonos que ya «sabemos» todo lo relativo al sexo y cómo complacer a nuestra pareja y a nosotros mismos. Como hemos mencionado en la sección sobre la curiosidad, lo malo de este tipo de mentalidad es que, en cuanto pensamos que sabemos algo, cerramos nuestra mente a aprender o experimentar algo nuevo. En lo que respecta al sexo, te recomendamos que no asumas nunca la actitud de un experto, sino que mantengas la mentalidad del principiante. Abórdalo como algo acerca de lo que siempre puedes aprender más, dispuesta a probar nuevas posturas, roles y técnicas. Hazte preguntas a ti y a tu pareja, utilizando preguntas que empiezan con «cómo» para iniciar el diálogo. Comunica a tu pareja lo que deseas. Crea un clima de curiosa exploración. Hay numerosos libros y vídeos creados con este propósito, y te aconsejamos que leas algunos para informarte sobre diversos medios que pueden ayudarte a crecer. Revisar este material puede hacer que te sientas incómoda e incluso «sucia». Si experimentas alguna de estas sensaciones durante este viaje, recuerda que se trata de una voz de domesticación y procura liberarte de ella.

Las ventajas de aprender algo nuevo pueden ser inmensas, como explica una de nuestras amigas.

Durante un tiempo mantuve una relación con un sexólogo, que tenía conocimientos amplios sobre la anatomía femenina y el placer de la mujer. En esta relación descubrí que mi cuerpo tenía mucha más capacidad de la que yo había imaginado. Cuando empecé a salir con el que ahora es mi marido, quise compartir con él lo que sabía sobre mi cuerpo. Al principio no me atrevía; quería que fuera él quien tomara la iniciativa. Pero al cabo de un tiempo comprendí que las cosas podían ser más placenteras para mí en la alcoba, de modo que me armé de valor y conduje a mi novio en lo que llamé «una visita guiada de los genitales femeninos». Me sentía nerviosa, pero al mismo tiempo curiosa. Le expliqué lo que había aprendido sobre lo que me gustaba y de lo que mi cuerpo era capaz, creando con él un clima de exploración tierno y amoroso. Él demostró ser un estudiante muy aplicado, y no tardó en aprender a tocarme en el lugar de placer más profundo de mi cuerpo. Ahora bromeamos a veces, diciendo: «¡Necesitamos practicar más!»

En lo que respecta a la práctica, no hay nadie en el mundo que conozca tu cuerpo tan bien como tú. Nadie sabe lo que sientes cuando tienes un orgasmo ni la mejor forma de excitarte para que lo alcances. Dedica el tiempo necesario a averiguar estas cosas por ti misma, y muéstrate abierta a practicar cómo perfeccionarlas sola y con tu pareja.

La práctica es un buen punto de partida para incorporar lo que mencionamos antes en este capítulo: creatividad, curiosidad y juegos. No temas mostrarte creativa y juguetona aquí, dejando de lado las domesticaciones que puedan impedirte probar cosas nuevas debido a viejos conceptos o ideas. Algunas personas piensan que el sexo debe ser siempre serio, por lo que mantienen un cierto estado de ánimo, pero mostrarte creativa y juguetona significa que sumas más colores a tu arco iris de pasión y gozo sexual.

Una forma de mostrarte creativa y juguetona es practicar dar exclusivamente y recibir exclusivamente. Al principio este reto puede resultar incómodo para algunas parejas, en particular si una de las partes está acostumbrada a dar y la otra a recibir. Probad a intercambiar esos roles durante algunos encuentros sexuales para comprobar cómo os sentís. Para el dador, observa qué sientes cuando permaneces tumbado recibiendo exclusivamente placer. Para el receptor, ¿qué sientes cuando sólo das durante un encuentro sexual?

Practica recibir completa y plenamente, sin sentirte obligada a corresponder a tu pareja procurándole placer. Muéstrate juguetona durante este encuentro sexual, y acepta sin reticencias que esta sesión es sólo para ti. Cuando le toque el turno a tu pareja de ser la parte receptora, practica dar plenamente. Escucha el cuerpo de tu pareja con todos tus sentidos. Prueba una nueva caricia, una nueva presión, nuevas áreas de sensibilidad. Concentra toda tu atención en tu pareja, sin esperar nada a cambio. Si tu pareja es un instrumento, ¿cómo desea que lo toques?

Y recuerda que la práctica hace al maestro, de modo que diviértete ¡y sigue practicando!

La conexión emocional

Hasta ahora hemos hablado sobre el papel de la mente en nuestros encuentros sexuales, pero también es cierto que tus emociones juegan un importante papel en hacerte sentir conectada con tu pareja. Por ejemplo, si te aferras al resentimiento, al temor o a una ira reprimida, estas emociones pueden bloquear tu sensación de deseo.

Cuando iniciamos una relación sexual con este estado de ánimo, a menudo se convierte en lo que llamamos sexo superficial: vuestros cuerpos se unen superficialmente pero habéis guardado cualquier problema entre vosotros en una maleta interior para sacarlo a colación más tarde. Huelga decir que, aunque puedas sentir placer durante esos momentos, el sexo a este nivel no colma tus anhelos profundos de ser vista y reconocida por otra persona. De nuevo, si coartamos nuestra voluntad de experimentar dolor o dificultades, limitamos también nuestro acceso a la alegría.

Si existen algunos problemas que tú y tu pareja debéis aclarar, en la mayoría de los casos aconsejamos airearlos antes de tener sexo. Hablar ayuda a disipar cualquier emoción o problema que pueda preocuparte durante la actividad sexual. El mejor sexo a menudo se produce cuando bajamos la guardia, mostrándonos vulnerables, y compartimos nuestras emociones más inmediatas que de otra forma reprimimos.

Asimismo, el placer sexual puede suscitar a veces recuerdos del pasado, entre los que se incluyen viejos sufrimientos y emociones, incluso emociones cuya fuente es un misterio para nosotros. Conviene no reprimir esas emociones, sino dejar que se manifiesten. Una amiga nuestra lo describe así:

> Cuando empecé a tener relaciones sexuales de joven, recuerdo que justo después del orgasmo sufría una crisis emocional. Rompía a llorar, llenándolo todo de lágrimas y mocos... No sé a qué venían esos sentimientos, de modo que decidí reprimirlos, lo cual hizo que no quisiera tener sexo.

Podemos concedernos permiso mutuo para permanecer presentes ante cualquier manifestación de tristeza, dolor o trauma que surja antes, durante o después del sexo. En tal caso, comunica a tu pareja lo que te ocurre y dile que no es culpa suya ni tiene la obligación de resolverlo. Pídele que permanezca a tu lado mientras procesas estas emociones que aparecen durante los momentos de intimidad y sanas de ellas. Sólo mediante tu voluntad —tu dulce, compasiva y tierna voluntad— de abrirte a tu vulnerabilidad y compartir tu sufrimiento puede producirse una profunda y duradera sanación.

Por supuesto, esto es aún más difícil para quienes han sido víctimas de abusos sexuales. Gran parte de nuestras heridas y las emociones que suscitan pueden manifestarse durante el sexo. En estos momentos debes mostrarte compasiva contigo misma, y recuerda que debes acudir a un terapeuta o a un grupo de recuperación para que te ayuden a procesar estos traumas. Éste es un viaje difícil, pero la buena noticia es que conocemos a muchas personas que han sufrido abusos sexuales y han conseguido establecer una relación sana y feliz con la persona que aman.

Atracción hacia otros

A veces, en nuestros talleres y sesiones didácticas algunas personas nos revelan que sienten atracción sexual hacia una persona fuera de su relación, y temen que eso signifique que la relación que mantienen con su actual pareja se rompa, o bien se sienten culpables y piensan que obran incorrectamente.

Si te sientes atraída por otras personas, nuestra primera recomendación es que no te juzgues ni te encierres en ti misma. En lugar de ello, piensa en esta atracción como una energía que te recorre sobre la que no debes hacer nada. Cuando la enfocas como una energía, puedes elegir la forma en que quieres encauzarla: puedes encauzarla hacia tu creatividad en otros campos, y puedes encauzar esa energía hacia tu relación. De hecho, hemos constatado que a menudo una atracción es fruto del deseo de querer crear algo nuevo.

En lugar de estresarte debido a la atracción que sientes hacia otra persona, o utilizarla contra ti misma, te invitamos a investigar la causa subyacente de esta energía. Cuando sientas esta energía de una atracción, pregúntate qué es lo que anhelas realmente y si puedes conseguirlo, o si tu pareja puede satisfacer ese anhelo. Con frecuencia, lo que parece una atracción sexual hacia otras personas no tiene que ver con el sexo, sino con otra cosa que echas en falta o anhelas; como una conexión emocional más profunda, una mayor atención por parte de tu pareja o una mayor ternura física.

Por ejemplo, tenemos una amiga que se sentía atraída por el padre de uno de los niños que iba al colegio de su hijo. Lo veía muchos días a la hora de dejar o ir a recoger a los niños al colegio y admiraba lo pendiente que estaba de sus hijos. De vez en cuando charlaban unos momentos y nuestra amiga empezó a sentirse físicamente atraída por él, aunque ambos estaban casados. Al principio ella no comprendía esta atracción, pero luego se le ocurrió que lo que le parecía atractivo en ese hombre era la forma en que se comportaba con sus hijos. Últimamente su marido se quedaba a trabajar hasta tarde, y ella echaba en falta una mayor implicación por su parte en la vida de sus hijos. Cuando logró identificar la energía que anhelaba, habló con su marido y le dijo que echaba de menos su presencia en la familia. Esto hizo que ambos tomaran la decisión consciente de crear algo juntos. Al echar la vista atrás, nuestra amiga se sentía profundamente agradecida por el mensaje que había recibido de su atracción y la oportunidad de devolver esa energía a su relación conyugal y su familia.

La historia de nuestra amiga es un buen ejemplo de cómo el hecho de investigar la fuente de su atracción hacia otro hombre hizo que averiguara lo que realmente anhelaba, que no tenía nada que ver con el sexo. Por esto insistimos en que es importante explorar lo que hay debajo de esta energía en lugar de reprimirla sintiéndote culpable o deseando que no existiera. Si reprimes tus atracciones sexuales hacia otras personas es probable que pierdas el control sobre ellas, porque cuando reprimes algo, siempre busca la forma de escapar.

Por ejemplo, nuestra amiga, que se sentía atraída por el padre de un niño que iba al colegio de su hijo, nos explicó también que antes de averiguar la causa subyacente de su deseo reprimía la energía de ese deseo, y se dio cuenta de que en su interior se sentía muy crítica con su marido. Por fin comprendió que la razón de su actitud tan crítica hacia su marido era porque se sentía culpable de la atracción que experimentaba hacia otro hombre. Cuando investigó esa energía, descubrió la fuente de lo que deseaba realmente y se lo manifestó a su marido. A partir de ese momento cesaron las críticas interiores, porque ya no tenía que reprimir esa energía.

Antes de concluir este capítulo, queremos dejar claro que la alegría no es una emoción reservada exclusivamente para ocasiones especiales como cumpleaños y bodas: la alegría es una práctica constante, y más aún en lo que respecta a las relaciones. En ocasiones requiere un esfuerzo mostrarse alegre en una relación y mantener esa alegría a lo largo de meses y años a medida que la relación evoluciona, crece y cambia. Cuando sientas que tu relación cae en la monotonía o sufre un desgaste, incorpora de nuevo la sensación de alegría que experimentabas al principio de tu relación con tu pareja: dedica tiempo a la creatividad, a los juegos y el sexo, y permítete utilizar estas herramientas para transformar la conexión íntima entre ti y la persona que amas.

Exploraciones

Haz tus listas

A continuación te mostramos cuatro listas muy importantes que queremos que hagas para fomentar la pasión y alegría en tu relación.

1. Haz una lista de cosas creativas que quieres probar con tu pareja. Incluye cosas completamente nuevas e ideas para dar un aire renovado a cosas habituales. Ejemplos: asistid a una clase creativa; pintad cada uno el retrato del otro; construid juntos unas pajareras; plantad un jardín; pintad murales; cread esculturas de barro en el jardín trasero; tomad clases de equitación; probad el trapecio volante; estudiad un idioma extranjero antes de emprender un viaje; tomad clases de meditación; trabajad juntos como voluntarios con ancianos, niños, animales o personas sin hogar.

2. Haz una lista de cosas divertidas que quieres hacer con tu pareja. Ten presente que en la mayoría de los casos estas actividades deben tener como único fin divertiros sin el afán de conseguir algo. Observa si tienes tendencia a combinar la diversión con «realizar algo», dado que esto último puede estropear la diversión. Ejemplos: pescar o dar paseos en barca, jugar al golf, ir una noche a bailar, pasear por un barrio nuevo al anochecer, asistir a una degustación de vino, ir al teatro o a un concierto, dar un paseo en globo aerostático.

3. Haz una lista de cosas que ahora te exciten sexualmente en tu vida (no que te excitaban hace cinco meses o cinco años). Propóntelo e investiga esta idea con auténtica curiosidad, y recuerda que debe ser una diversión. Una amiga nuestra, madre de varios hijos que no trabaja fuera de casa, nos dijo que se excita sexualmente cuando su marido la ayuda a fregar los platos y otros quehaceres domésticos. Muéstrate abierta a lo que realmente te parece sexy en lugar de lo que tus ideas domesticadas te dicen que está «bien» o «mal». Por ejemplo, puede ser la perspectiva de tener un encuentro sexual en el exterior, o el sabor de las fresas, o el sonido de la lluvia. Abre tus sentidos de nuevo y pregúntate: «¿Qué es lo que me excita ahora?»

4. Haz una lista de cosas que quieres probar en un sentido creativo y lúdico respecto del sexo. Quizás os apetezca daros juntos un baño o una ducha o tener un encuentro sexual en un bosque o después de haberos vestido elegantemente y haber salido a cenar. Tal vez sea el juego de roles, mirar o leer juntos algo sexualmente excitante, realizar una visita guiada del cuerpo del otro, practicar un nuevo tipo de masaje o técnicas de respiración profunda. La experimentación sexual, dentro de la relación tanto como vía para explorar tu propia sexualidad, puede abrirte a sensaciones más intensas y nuevas formas de percibir tu sensualidad y tu placer.

A continuación viene la parte importante, que quizá te dé un poco de miedo: comparte estas cuatro listas con tu pareja y pídele que escriba sus propias listas y las comparta contigo. A lo mejor te sorprenderán algunas de las cosas que incluirá en ellas, y a tu pareja tal vez le asombre lo que tú escribas en las tuyas. Si tu pareja se niega a escribir sus propias listas, puedes darle las tuyas.

Reservar unos momentos para practicar la creatividad, la curiosidad, los juegos y el sexo

Sabemos que para reavivar la pasión y la alegría en tu relación no basta con desear realizar cambios o saber lo que tienes que hacer para llevarlos a cabo: para obtener los beneficios de esos cambios es necesario *pasar a la acción*.

Para ello, mira tus listas y reserva momentos para practicar la creatividad, la curiosidad, los juegos y el sexo basándote en lo que has escrito. Anota esos momentos en tu agenda y respétalos escrupulosamente. Si combinas el trabajo que has hecho aquí con poner en práctica estas enseñanzas conseguirás reavivar la pasión y la alegría en tu relación.

Puedes planificar de antemano y decir: «En nuestra cita para tener sexo, propongo que practiquemos sólo dar y recibir». O puedes combinar una cita para salir a cenar con un encuentro sexual. Y disfrutar de la conversación y los aspectos mentales y emocionales de explorar vuestra relación sexual mientras tú y tu pareja cenáis en un lugar público. Juega. Explora.

Recuerda: la voluntad de asumir riesgos que aúnan vulnerabilidad y creatividad llevará tu relación a un nivel más profundo en un tiempo récord.

6

El secreto de la comunicación

La vulnerabilidad es el único estado auténtico. Ser vulnerable significa estar abierto, para sufrir, pero también para experimentar placer. Abrirse al sufrimiento de la vida significa abrirse también a la generosidad y la belleza. No enmascares o niegues tu vulnerabilidad: es tu mayor bien.

STEPHEN RUSSELL

De todas las actividades humanas, ninguna ha transformado nuestro mundo de modo más radical que la comunicación. Los humanos hemos creado juntos algo mágico gracias a cosas como el arte, la música, la arquitectura y la tecnología, para citar sólo algunos ámbitos, y para alcanzar estos logros fue necesaria la palabra hablada y escrita. Si bien la comunicación es quizás una de las herramientas humanas más importantes, en lo que respecta a las relaciones íntimas es sorprendente los problemas que muchos tenemos para comunicarnos de una forma sana y productiva.

Sin duda, la mayoría de personas somos capaces de comunicarnos con nuestra pareja de manera efectiva en lo referente a cosas en las que estamos de acuerdo o compartimos en común. En particular, cuando la relación es nueva y ambos estamos pendientes de lo que dice el otro. En muchos casos, ser «alguien con quien poder hablar» fue lo que nos indujo a elegirnos el uno al otro. Pero a medida que la relación madura, muchas parejas comprueban que necesitan tener una mayor capacidad de comunicación para conectar entre sí a la hora de afrontar dificultades o problemas que les ponen a prueba o incluso les distancian.

Por ello, la comunicación es el siguiente secreto transformativo para gozar de una relación sana y feliz. Según nuestra experiencia, una comunicación efectiva es mucho más fácil si practicas las lecciones que hemos propuesto antes que ésta. Dicho de otro modo, la mejor comunicación se produce cuando ambas partes están centradas en el compromiso y la libertad, son conscientes de sus puntos fuertes y débiles, están sanando de las ideas nocivas y las heridas emocionales que sufrieron en el pasado y están dispuestas a trabajar de forma creativa para desarrollar alegría en su relación y buscar soluciones creativas a los desacuerdos que puedan surgir.

Las cinco prácticas anteriores pueden contribuir a que tus facultades comunicativas se perfeccionen, pero el poder transformativo de la comunicación en las relaciones comprende también otra cosa: estar dispuesto a ser *vulnerable*.

La vulnerabilidad en la comunicación ocurre cuando compartes tus deseos, necesidades y temores abierta y sinceramente. Y no menos importante, implica permanecer activamente abierta cuando prestas atención a los deseos, las necesidades y los temores de tu pareja. Cuando ambas partes son vulnerables, están más dispuestas a escuchar y responder mutuamente de forma cariñosa, conectada y útil. La vulnerabilidad en la comunicación comprende el deseo de hallar un terreno común, apoyarse uno al otro y mostrarse compasivo.

¿Qué aspecto tiene este tipo de vulnerabilidad en acción? Para empezar, significa que estás dispuesta a reconocer que no sabes algo, cuando te equivocas o cuando estás asustada. A menudo comporta una petición de ayuda, comprensión y amor con el corazón abierto. No queremos engañarte: practicar la vulnerabilidad puede ser muy difícil. Sin embargo, hemos comprobado que no es tan terrible como parece. Es decir, la voz en tu cabeza defenderá hasta la muerte tu derecho y responsabilidad a lucir una armadura protectora —«¡No puedes decirle eso!», gritará—, pero cuando consigas reunir el valor necesario para desprenderte de esa armadura, no tardarás en apreciar los beneficios de mostrarte abierta e indulgente con tu experiencia y la de tu pareja.

Una antigua estudiante nuestra describió una experiencia vulnerable en su comunicación de esta forma:

La primera vez que entendí realmente el poder de la vulnerabilidad fue durante una conversación con mi pareja, que estaba furioso conmigo. En circunstancias normales habría tratado de calmarlo, habría salido corriendo o me habría quedado bloqueada.

Pero entonces recordé lo que me habíais enseñado, de modo que decidí escuchar todas sus quejas. Sentí que mi corazón se abría y conectaba con los agravios de mi pareja. No traté de arreglar, cambiar o defender nada. Presté atención a los puntos en que mi pareja decía la verdad y los puntos que eran suposiciones. Le escuché con atención, y cuando terminó noté que me sentía indulgente, con la guardia baja y dispuesta a compartir mi verdad.

Estaba en un estado vulnerable.

Asumí mi responsabilidad y me disculpé por la parte que me correspondía en nuestra mala comunicación que había provocado el enfado de mi pareja. Compartí mi punto de vista y expliqué mis temores y lo que deseaba que sucediera a continuación. Mi calma era contagiosa y al poco rato zanjamos la conversación, nos abrazamos y durante el resto del día nos sentimos más conectados entre nosotros. Esto marcó un profundo cambio respecto de mis anteriores mecanismos de defensa.

En esta situación, nuestra estudiante eligió la vulnerabilidad en lugar de lo contrario, que nosotros llamamos «cerrarse». Cuando elegimos cerrarnos en nuestra comunicación en lugar de mostrarnos vulnerables, esto puede manifestarse de diversas formas.

En primer lugar, podemos cerrarnos fingiendo que todo va bien. Es lo que solemos hacer cuando tememos que a nuestra pareja le disguste lo que vamos a decir, porque tememos que nos abandone o porque creemos que no merece la pena decir la verdad. Nuestro temor o apatía nos induce a aceptar la situación sin protestar, y aunque sonreímos por fuera, en el fondo sentimos un profundo resentimiento.

Cuando solemos ir en contra de nuestros deseos haciendo lo que la otra persona quiere, absteniéndonos de protestar o guardando silencio, invitamos al dolor en nuestra relación. Aunque este comportamiento contribuye a evitar una conversación desagradable a corto plazo, a la larga tu relación contigo misma y con tu pareja sufrirá porque no eres sincera sobre lo que realmente sientes. Cuando callamos para «complacer» a los demás a expensas de nuestra verdad, renunciamos a nuestra integridad en aras del bienestar de nuestra pareja. Al mismo tiempo, despojamos a nuestra pareja de la oportunidad de contribuir a nuestra auténtica felicidad de forma sana.

En segundo lugar, algunos optamos por cerrarnos aislándonos o emprendiendo la retirada cuando las cosas se ponen peliagudas. Esto es más honesto que fingir que todo va bien, pero seguimos sin comunicar nuestros temores y nuestras necesidades a nuestra pareja. En lugar de ello, huimos metafóricamente, interponiendo una distancia emocional o física entre nosotros y nuestra pareja. Distanciarnos puede parecer útil a corto plazo, pero a la larga resulta perjudicial porque, lógicamente, los problemas no desaparecen, sino que quedan enterrados, dispuestos a aflorar más tarde con una mayor carga venenosa que antes. Queremos insistir en que esta conducta de evitación no incluye la decisión consciente de dejar que una conversación tensa se enfríe y de reflexionar, lo cual, como hemos dicho antes, puede ser muy útil. La diferencia radica en la intención con que abandonas la comunicación y qué haces a continuación.

Por último, algunas personas nos cerramos reaccionando con ira, proyectando una falsa ilusión de poder vociferando con el fin de imponer nuestro criterio. Irónicamente, la persona que suele ponerse a vociferar en una relación suele ser la que teme que el otro no la oiga. Como es natural, gritar no resuelve la situación, sino que la mayoría de las veces tiene el efecto opuesto. Cuando alguien te grita, ¿prestas atención a lo que dice? Si tú o tu pareja tenéis la costumbre de gritar, sería muy conveniente que desarrollarais un sistema que os permitiera escuchar lo que dice el otro en momentos de estrés y desacuerdo. Escuchar es una parte importante del proceso de comunicación, en la que profundizaremos más adelante, pero de momento nos centraremos en la parte de la comunicación expresada por medio de la palabra.

Sabemos que no es fácil mostrarse vulnerable. Sin embargo, los resultados de incorporar esa intención a nuestra comunicación con nuestra pareja son asombrosos. Nuestra vulnerabilidad toca la fibra sensible de nuestra pareja y le permite encontrarse con nosotros en un punto que, como dice el poeta Rumi, «está más allá del bien y del mal». El campo de la vulnerabilidad propicia una comunicación profunda.

Con frecuencia nos piden que describamos qué aspecto tiene la vulnerabilidad en la práctica, de modo que seguidamente mostramos unas palabras de acciones que reflejan las cualidades de ser vulnerable en nuestra comunicación en contraposición a otras que reflejan nuestra actitud cuando estamos cerrados o lo opuesto a ser vulnerables. Puedes utilizar esta lista para ser consciente de tus hábitos a medida que incrementas tu capacidad de mostrarte indulgente y abierta.

Vulnerable	Cerrada
Cuerpo relajado, respiración profunda, hombros sueltos y palmas abiertas, facilidad para establecer contacto visual.	Cuerpo rígido o encogido, respiración acelerada o irregular, brazos cruzados, mandíbula crispada, dificultad para establecer contacto visual.
Sentir un amor incondicional por tu pareja al margen de lo que haga.	Sentir un amor condicional, desear que tu pareja cambie.
Presente en el momento.	Pensar en el pasado/futuro.
Mostrar curiosidad, formular preguntas abiertas.	Criticar y acusar.
Compasiva.	Enojada.
Escuchar con atención.	Proyectar lo que dirás a continuación.

Ahora bien, para quienes leáis esta lista y os digáis: «*¡Sí, mi pareja se cierra, ése es el problema en nuestra relación!*», queremos que respiréis hondo y recordéis cuál ha sido nuestro objetivo durante todo este proceso. No tratéis de convencer, forzar o luchar contra vuestra pareja para que cambie. No es vuestra tarea ni está dentro de vuestras posibilidades. Vuestro deber, vuestro objetivo durante este viaje es aprender a mostraros poco a poco como sois y abriros, aunque vuestra pareja se cierre, y persistir en buscar los puntos dentro de vosotros que permanecen cerrados.

Quizás estés leyendo esto y reprochándote el permanecer cerrada a diversos temas. En tal caso, respira hondo y sé compasiva contigo misma. Recuerda que has iniciado un proceso de aprender y crecer, y eso requiere tiempo. Lo importante es que has emprendido el camino.

Para facilitar el proceso de incorporar la vulnerabilidad a tu comunicación, en especial al comienzo de esta primera etapa de tu viaje, hemos resumido los pasos para alcanzar una comunicación sana en tres categorías principales: escuchar, hablar y silencio.

Escuchar

Cuando pensamos en la comunicación, nuestra mente tiende a centrarse en la forma en que podemos hablar de modo efectivo. Rara vez pensamos que el paso más importante es escuchar. Pero nuestra comunicación sólo es efectiva si estamos dispuestos a escuchar a nuestra pareja, y ése es el primer paso.

Cuando escuchas con vulnerabilidad, practicas una escucha consciente. Esto significa que te focalizas en escuchar y comprender exactamente lo que la otra persona está diciendo en ese momento. No estás hablando por teléfono, o pensando en lo que harás más tarde, o planificando lo que dirás a continuación. Estás escuchando sin predecir lo que la otra persona dirá, imaginando que conoces el subtexto debajo de sus palabras o aferrándote a lo que ha dicho en ocasiones anteriores y lo que crees saber sobre ella. En resumen, estás incorporando la actitud de «la mente del principiante» (o la mente abierta, sin prejuicios, de una persona dispuesta a aprender, en lugar de la mente de alguien que cree conocer todas las respuestas) a tu escucha.

Una escucha consciente resulta más difícil cuando tu pareja dice cosas que te disgustan o con las que no estás de acuerdo. En estos momentos, mediante esta práctica de escuchar, toma nota de cualquier malestar que sientas y trata de centrarte en la situación y prestar más atención a lo que dice tu pareja. Si estás a la defensiva, piensa en esa voz en tu cabeza que te procura información con el afán de protegerte. De esta forma reconoces la voz y su propósito sin obligarte a asumir las ideas que te propone. Puedes pensar: «Gracias por acudir en mi defensa, pero en este momento no necesito tu ayuda. Quiero mostrarme abierta a estas complicadas emociones y escuchar a mi pareja». Esto te permite permanecer focalizada en lo que dice tu pareja en lugar de descartarlo mentalmente, criticarlo o pensar de inmediato en tu punto de vista.

Cuando escuchas de modo consciente, puedes formular a tu pareja preguntas abiertas para ayudarle a expresarse con más claridad, lo que te ayudará a comprender mejor lo que pretende transmitirte. También te ayudará a definir las emociones que experimentas. Observa la diferencia entre estas afirmaciones y preguntas (*véase la tabla en la página siguiente*).

Cuando ambas partes escuchan y se muestran vulnerables, la comunicación puede contribuir a llevar la relación a un nivel más profundo. Un amigo nuestro comparte esta experiencia:

Comunicación emocionalmente reactiva	Comunicación emocionalmente clara
¿Lo dices en serio? ¿Cómo se te ha ocurrido?	Esto es muy duro, y me estoy esforzando en no salir corriendo y ocultarme. ¿Cómo te sientes en estos momentos?
¿Por qué hiciste eso? No te entiendo.	Debías de estar furioso para hacer eso. ¿Puedes ayudarme a comprender lo que pensabas en esos momentos?
¿Qué te pasa? No digas tonterías.	Me siento confundida y frustrada. ¿Puedes aclararme algunas cosas que no acabo de entender?

Cuando surgen temas espinosos sobre los que no estamos de acuerdo, yo suelo evitar todo conflicto, mientras que mi pareja tiende a forzar una confrontación. El otro día se planteó de nuevo el tema del matrimonio, sobre el que no nos ponemos de acuerdo. Yo sabía que teníamos dos opciones: tratar de profundizar en nuestra comunicación o caer de nuevo en nuestros nefastos patrones.

Al fin comprendí con claridad los temores y las necesidades que tenía respecto del matrimonio, y los compartí con ella. Su respuesta fue muy comprensiva: me dijo que no quería que yo temiera nada, pero que en estos momentos se sentía incapaz de satisfacer mis necesidades. Al principio me sentí dolido y noté que empezaba a cerrarme, pero entonces recordé la importancia de conceder libertad a mi pareja, porque quiero que se sienta libre. Esto nos llevó a una conversación franca y abierta sobre lo que ambos deseamos en nuestra relación y a descubrir la fuente del problema o que ambos vemos las cosas de modo distinto en este tema. Yo quiero casarme, y ella considera la institución del matrimonio como algo arcaico y patriarcal. A partir de aquí, ambos compartimos lo que podíamos hacer y no podíamos hacer para solventar este problema, y lo hicimos desde una actitud vulnerable. No estamos de acuerdo en esta cuestión, pero entendemos y respetamos la postura del otro, y ya no acabamos peleándonos debido a ello.

El primera paso consiste en escuchar los temores y las necesidades de tu pareja. Sin embargo, como muestra el ejemplo de nuestro amigo, el hecho de escuchar a tu pareja y que ésta te escuche a ti no significa que os pongáis de acuerdo sobre algún tema problemático. Pero cuando nos escuchamos con atención unos a otros creamos un espacio para soluciones creativas, para acercar posiciones, y para alcanzar al menos cierto grado de comprensión que pueda poner fin a una guerra.

Hablar

En lo tocante a la comunicación, solemos pensar principalmente en expresarnos a través del habla, y aprender a hablar con vulnerabilidad es clave para mantener la paz con nuestra relación. Esto comporta lo que a muchos nos resulta más difícil: decir nuestra verdad con el corazón abierto, incluso cuando nuestra pareja no esté de acuerdo con lo que decimos o no le guste.

A muchas personas no nos enseñaron a hacerlo, y no es algo que solamos valorar en nuestra sociedad. Nos enseñan a «no revelar demasiado» o a «no descubrirnos» cuando compartimos nuestros sentimientos. Eso, suponiendo que nos enseñen la práctica de compartir nuestros sentimientos. Para muchos, nuestros intentos de compartir o abrirnos han hecho que nos sintamos avergonzados o rechazados. A los hombres les enseñan a «comportarse como hombres». La mayoría de personas no tuvimos oportunidad de asistir a la clase de «así es como debes compartir tus sentimientos» durante nuestros años formativos.

Antes de abordar el tema del lenguaje con relación a cuando hablamos con otros, queremos señalar que hablar con vulnerabilidad empieza por fijarte en cómo hablas contigo misma. Las voces del juez y la víctima a las que nos hemos referido antes son algunas de las formas con que enmascaramos nuestra vulnerabilidad, y para la mayoría de nosotros romper con esas voces constituye un proceso constante. Toma nota de cuando te reprochas algo, o te regañas, o te haces preguntas capciosas como

«¿Por qué he vuelto a hacer eso?», o «Esta relación no funciona, ¿qué diablos me pasa?» Las voces del juez y la víctima son una pista para que prestes atención a lo que sucede y para que seas consciente de la forma en que hablas contigo misma.

La próxima vez que observes que te haces preguntas capciosas, preguntas que llevan implícitos juicios de valor y temores, da un paso atrás para reorientarte y trata de desarrollar una forma de hablar vulnerable. En momentos de tristeza, ira, estrés, temor u otra emoción que pueda hacer que te cierres en lugar de mostrarte vulnerable, te invitamos a preguntarte lo siguiente:

- ❖ ¿Qué es lo que temo en esta situación?
- ❖ ¿Qué es lo que quiero que suceda ahora?

Mientras analizas estas preguntas, respira hondo y cierra los ojos. Cálmate y busca las respuestas en tu sabiduría interior. Este simple proceso te permite empezar a ser vulnerable contigo misma, y cuando halles las respuestas a estas preguntas podrás incorporar esa vulnerabilidad y conexión a la forma en que comuniques tu verdad a tu pareja. Esto puede ser una alternativa a cerrarte y reaccionar de modo contraproducente. El resultado te sorprenderá.

Por ejemplo, Jen, una de nuestras estudiantes, tuvo unas experiencias que la traumatizaron emocionalmente. De niña presenció malos tratos verbales y físicos entre sus padres, y debido a ello se encerraba en sí misma y se quedaba bloqueada cuando su pareja le levantaba la voz durante una discusión. A medida que Jen fue consciente de esto y empezó a sanar de su antiguo trauma, sintió la necesidad de compartir su verdad con su pareja para que éste comprendiera mejor la situación. Jen se hizo estas dos preguntas, y cuando tuvo claro las respuestas, las compartió con su pareja. Este es un ejemplo de su parte del diálogo:

> Cuando tenemos una discusión y levantas la voz, me asusto y tiendo a encerrarme en mí misma. Esto ocurre porque me acuerdo de cuando era una niña y presencié malos tratos verbales y físicos entre mis padres. Sé que eres incapaz de hacerme daño, pero si trataras de hablarme con calma en lugar de alzar la voz, me resultaría más fácil escucharte y permanecer atenta a la conversación.

Cuando la pareja de Jen la oyó explicarse de esta forma, procuró moderar su tono de voz cuando discrepaban y hacer lo que ella le había pedido. Cuando Jen se preguntó qué era lo que temía, pudo identificar los temores infantiles que afloraban en sus circunstancias presentes. Asimismo, fue capaz de reconocer con el corazón abierto que temía compartir sus sentimientos con su novio. ¿Lo comprendería él? ¿Rechazaría los sentimientos de ella? ¿La tomaría por una tonta? Jen tardó un tiempo en armarse de valor para compartir lo que sentía con su pareja. Y eso no fue todo. Incluso fue más lejos, transmitiéndole con calma su respuesta a la segunda pregunta, ¿Qué es lo que quiero? Desde una postura de vulnerabilidad, pudo explicar a su pareja lo que deseaba que sucediera. En este caso, el novio de Jen pudo satisfacer su petición, pero, como cabe suponer, esto no ocurre siempre. Incluso en situaciones más complicadas, si somos capaces de escuchar y hablar entre nosotros de forma vulnerable, creamos un espacio para que surjan otras soluciones creativas.

Cuando ocultamos nuestra verdad en situaciones estresantes o incómodas prolongamos lo inevitable, puesto que los problemas no desaparecen, sino que quedan enterrados y posteriormente afloran con más intensidad.

Malos hábitos de lenguaje

Muchos no hemos aprendido una buena práctica de hablar con vulnerabilidad, sino que a menudo adoptamos y utilizamos lo que llamamos «malos hábitos de lenguaje». Si examinamos algunas de las formas más comunes de estos hábitos —utilizar las palabras como armas, una comunicación pasivo-agresiva, callar, decir sí cuando queremos decir no—, observaremos que son radicalmente opuestas a la vulnerabilidad.

LAS PALABRAS COMO ARMAS

En cierto sentido, las palabras pueden asemejarse a cuchillos en tu relación. Por un lado, esgrimidas con habilidad, pueden ser tan precisas y efectivas como el escalpelo de un cirujano o incluso como el utensilio de cocina normal y corriente, utilizado con esmero para preparar comidas nutritivas. Pero cuando las utilizamos con torpeza, las palabras pueden ser tan mortíferas como dagas que se clavan en el corazón, causando dolor, una hemorragia e incluso la muerte de la relación.

Cualquier palabra se transforma en un arma cuando la utilizamos con intención de herir a otra persona. En lugar de compartir nuestra verdad con vulnerabilidad, a menudo utilizamos nuestras palabras para atacar a la otra persona, cambiar de tema añadiendo acusaciones de nuestra cosecha o sacar a colación viejos agravios. Cuando entran en juego viejos agravios, toda comunicación sincera sobre la situación actual cesa, porque ya no estás en el momento presente, sino inmersa en algo que ocurrió hace cinco días o cinco años. Añadir insultos o acusaciones o sonsacar el pasado son medios dirigidos a colocar a tu pareja a la defensiva para que tú puedas «ganar» la discusión o el debate. Lo cierto, sin embargo, es que nadie gana.

Tomemos el ejemplo de nuestras amigas Josephine y Beth. Después de varios años de estrecheces económicas, por fin lograron ahorrar suficiente dinero para el pago inicial de una vivienda. Aunque estaban de acuerdo en sus objetivos y métodos, chocaban continuamente sobre los gastos compartidos y pequeños lujos. Por fin, Beth decidió hacerse las dos preguntas: «¿Qué es lo que temo?» y «¿Qué es lo que quiero que suceda ahora?» Con estas respuestas, pudo sentarse a hablar con Josephine con el corazón abierto.

Resultó que Beth seguía aferrada a una dolorosa época en la relación entre ambas, cuando la tendencia de Josephine a gastar más de la cuenta estuvo a punto de llevarlas a la ruina. Aunque habían hablado del tema para resolver sus diferencias, Beth seguía sacándolo a colación cada vez que discutían, diciendo que no podía fiarse de Josephine. Después de analizar sus sentimientos y afrontarlos con valor, Beth comprendió que era injusto que sacara a colación viejos agravios, pero que *podía* hablar sobre su actual grado de confianza. A fin de cuentas, esta era la respuesta a su segunda pregunta: «Quiero confiar en que ambas estamos de acuerdo en nuestros objetivos». A continuación pudo compartir con Josephine, con vulnerabilidad, la siguiente reflexión acerca de sus sentimientos actuales:

> Hemos tenido muchas desavenencias debido a problemas económicos, y estoy tratando de recuperar mi confianza en ti y en mí misma respecto de nuestros viejos hábitos de gastar dinero. Me comprometo a esforzarme en no sacar a colación viejos agravios ni tratar de imponer mi criterio en el presente. Confío en que me ayudes, dedicando un rato todos los meses a revisar nuestras finanzas con el corazón abierto y mantener los cauces de la comunicación abiertos para que ambas podamos cumplir nuestros propósitos.

A resultas de lo cual, Josephine comprendió mejor la actitud de Beth. Ambas decidieron incluso organizar cada mes una divertida cena en casa para celebrar su objetivo compartido de revisar sus finanzas. De no haber dedicado Beth un tiempo a analizar sus temores y necesidades y expresarlos a su pareja, ambas habrían quedado atrapadas en sus viejos patrones de hablar sobre sus antiguas desavenencias debido al dinero.

A veces utilizamos las palabras como armas de modo subconsciente, y aquí es donde la práctica de la concienciación resulta muy útil. Por ejemplo, si tú y tu pareja discrepáis sobre una consecuencia que afecta a vuestro hijo, puedes sentirte tentada de sacar a colación a tu cuñada y la disciplina que ésta practica con sus hijos. Aunque decir algo como «Eres igual que tu hermana» o «Esto es lo que hace tu hermana con sus hijos» puede parecer inocuo, en realidad no tiene nada que ver con la situación entre tú y tu pareja. Por el contrario, has enturbiado el tema y atacado sutilmente a tu pareja de forma indirecta. Por suerte, desarrollar nuestra concienciación nos ayuda a tomar notar de las sutiles formas en que podemos envenenar las aguas entre nosotros sin pretenderlo.

En lugar de utilizar tus palabras como armas, recupera las dos preguntas: «¿Qué es lo que temo en esta situación?» y «¿Qué es lo que quiero que suceda ahora?» Permanecer focalizada en estas preguntas puede ayudarte a elegir palabras que expresen cómo te sientes, explorar por qué te sientes de esa forma y decidir lo que puedes hacer para sentirte mejor. Esto es lo que abre la puerta a la comunicación auténtica.

LA COMUNICACIÓN PASIVO-AGRESIVA

La comunicación pasivo-agresiva se produce cuando no expresamos cómo nos sentimos en realidad, sino que fingimos estar bien en una determinada situación, reprimiendo nuestros temores y auténticos deseos. Con esto sólo conseguimos acumular rencor contra nuestra pareja y contraatacarla. Este tipo de situaciones pueden contener también la semilla de una manipulación conciente o inconsciente cuando tratamos de inducir a nuestra pareja a que suponga que nuestros deseos y nuestras necesidades son distintos de los que le comunicamos.

Cuando abordamos el secreto de la libertad en la lección número dos nos referimos a Joe y a Mary, quienes habían planeado cenar en casa de los padres de Joe, pero Mary decidió, en el último momento, salir con sus amigos. Cuando Mary preguntó a Joe si le importaba, él respondió que no, pero no era cierto. Cuando Mary regresó a casa esa noche, Joe se mostró frío y reservado, absteniéndose de demostrarle su amor y afecto para castigarla, aunque insistiendo en que todo iba bien.

De haber optado Joe por hablar con vulnerabilidad, la conversación podría haberse desarrollado así:

Mary: «Sé que hemos planeado ir a cenar esta noche a casa de tus padres, pero a mis amigos les sobra una entrada para la ópera. ¿Te importa que salga con ellos en lugar de ir a cenar a casa de tus padres?»

Joe: «Bueno, no sé qué decirte. Quería que vinieras a cenar con mi familia, es importante para mí, y lamentaré que no vengas. Por otra parte, quiero que hagas lo que te apetezca, de modo que hablemos de ello para aclararlo. ¿Es importante para ti ir a la ópera? ¿Qué piensas al respecto?»

Al responder de esta forma, Joe ha abierto la puerta para que se produzca una auténtica comunicación.

Observa que Joe ha compartido cómo se sentía y luego ha pedido a su pareja más información. La comunicación pasivo-agresiva suele basarse en la necesidad de controlar debido al temor de no conseguir lo que deseamos o necesitamos de nuestra pareja, por lo que tratamos de manipularla. Podemos hacer una elección más valiente y vulnerable: confiar nuestros deseos y nuestras necesidades a las acciones compartidas dentro de nuestra relación. Esto consiste no sólo en compartir lo que pensamos y sentimos, sino también en invitar a nuestra pareja a tener una conversación sobre el problema confiando en hallar una solución que nos satisfaga a ambos.

CALLAR

El siguiente mal hábito de lenguaje es uno de omisión en lugar de comisión. Dicho de otro modo, lo que no decimos puede generar tantos problemas como lo que decimos. Por ejemplo, algunas personas hemos sido domesticadas para creer que, si nuestra pareja nos ama, sabrá lo que queremos o necesitamos. Pero esto no es así, puesto que nuestra pareja no puede leernos el pensamiento. Aunque nuestra pareja demuestre tener una excelente intuición para adivinar nuestros deseos y necesidades, nadie es capaz de conseguirlo siempre.

La solución consiste en compartir con tu pareja lo que quieres que suceda. Por ejemplo, conocemos a dos personas, Stevie y Aliyah, que mantienen una relación desde hace muchos años. Para Aliyah, el aniversario de la relación es muy importante y le gusta celebrarlo por todo lo alto, yendo a cenar y a bailar. Stevie, sin embargo, no era consciente de este deseo de su pareja y a menudo dejaba pasar esa fecha sin concederle demasiada importancia. Durante los dos primeros años de su relación, Aliyah no dijo nada al respecto, confiando en que Stevie la sorprendiera. Cuando esto no sucedía, se sentía frustrada e incluso enojada, pensando que Stevie «debía saber» lo importante que esto era para ella. Por fin, cuando Aliyah compartió con Stevie cómo se sentía y lo que quería que sucediera, él sonrió jovialmente y dijo: «No tenía ni idea de que querías celebrarlo de esta forma. ¡Me parece una idea genial!» Problema resuelto.

DECIR SÍ CUANDO QUIERES DECIR NO

Por último, una forma muy común en que las parejas crean malestar e incluso resentimiento en una relación es decir sí cuando quieren decir no. Aunque todos queremos ejercer el espíritu de transigencia en muchos ámbitos con la persona que amamos, si tu pareja te pide que hagas algo y dices sí cuando en el fondo quieres decir no, te estás buscando un problema. Por otra parte, te expones a acabar culpando a tu pareja por las consecuencias, en lugar de reconocer que el error lo has cometido tú y no tu pareja. Recuerda, comprometerte contigo misma significa que a veces tienes que decir no a tu pareja desde una postura de amor en lugar de decir sí desde una postura acomodaticia. Es normal que a veces tengas que decir no a otros para decirte sí a ti misma.

La palabra escrita

Antes de pasar al tema del silencio, detengámonos un momento para referirnos a la vulnerabilidad y la palabra escrita. Escribir es otra forma de utilizar palabras para comunicar nuestra verdad desde el corazón. A veces escribir tus pensamientos, en particular las respuestas a las dos preguntas que hemos mencionado antes, puede ser una potente herramienta cuando nos disponemos a mantener una conversación importante. Así, la palabra escrita puede ayudarte a trazarte un plan para lo que quieras decir durante una importante conversación. Después de anotar tu plan, déjalo reposar un par de días y luego repásalo. Puedes corregirlo y modificarlo como creas oportuno después de haberlo meditado bien. Cuando estés conforme con lo que has escrito, utiliza estos temas de discusión a modo de guía.

Otra forma de utilizar la palabra escrita es escribir una carta a la persona amada. En este caso también puedes reflexionar un par de días antes de enviar tu mensaje. Esta puede ser una excelente herramienta si crees que tu pareja es incapaz de escucharte o dejar que termines de decir lo que quieres en una determinada situación, pero asegúrate de que estás dispuesta a escuchar su respuesta y no utilizas este método para evitar tener que afrontar su respuesta. A nuestro modo de ver, el sistema de escribir a tu pareja, utilizado con moderación, es un buen precursor de una comunicación cara a cara en ciertas situaciones. Aunque, claro está, no hay nada como la presencia.

Silencio

Si bien el lenguaje hablado es el método más habitual de comunicarnos, también podemos enviar potentes y complejos mensajes mediante el silencio. Podemos considerar el silencio, en el contexto de una relación, como algo negativo, como el medio de evitar una confrontación o como un modo de demostrar nuestro malestar. Como escribió el dramaturgo George Bernard Shaw: «El silencio es la expresión más perfecta del desprecio». El silencio, en este sentido, rara vez es una muestra de vulnerabilidad.

Por otra parte, si nuestra intención es restablecer y poner paz en nuestra relación, el silencio puede ser una maravillosa herramienta en la comunicación. Muchas veces, cuando nuestra pareja muestra temor o disgusto, lo más aconsejable es escuchar y, en lugar de responder, mantener una presencia silenciosa. A veces nuestra pareja sólo necesita desahogarse: no necesita nuestros consejos ni que digamos nada. Asimismo, en estas situaciones podemos procurar a nuestra pareja una especie de espejo con unas frases simples y sosegadas que describan y reflejen los sentimientos que expresa. Si está enojada con un colega, podemos reflejar lo que siente con frases como: «Eso debe de ser muy fastidioso». Incluso frases tan simples como «Entiendo», «Ya» o «Vaya» pueden ofrecer una respuesta empática que apoya a tu pareja sin añadir tu punto de vista o tus opiniones.

Como maestros de técnicas de autoayuda y autores, nosotros también tenemos que practicar esto de forma habitual en nuestras relaciones personales. Es decir, cuando nuestros estudiantes y lectores vienen a consultarnos los problemas que tienen en sus relaciones, parte de nuestra tarea consiste en ofrecer sugerencias, dar una respuesta o compartir nuestras propias experiencias. Pero este no es el caso con nuestras parejas, de modo que procuramos expresar nuestra opinión sólo cuando nos la solicitan. Al hablar de esto con algunas parejas que nos consultan hemos comprobado que opinan lo mismo, que hay ciertos momentos en que sólo necesitan que alguien les escuche con amor. Al final del capítulo hemos incluido un ejercicio que convierte este tema en un juego divertido.

Otros momentos oportunos para practicar el silencio en tu relación es cuando renuncias a la necesidad de afirmar que tienes razón en una situación o cuando comprendes que no tienes que tener la última palabra en una discusión. Hemos observado que es natural que algunas personas quieran tener la última palabra aunque no piensen que sea importante para ellas. Esta práctica de renunciar a la necesidad de tener la última palabra es muy sencilla, pero debes acordarte de practicarla. Cuando estés manteniendo una conversación con tu pareja, reprime el impulso de decir la última frase. Deja que tu pareja termine de exponer sus reflexiones, respira y crea un espacio para que la charla llegue a su conclusión. Si esto te resulta difícil, recuerda que muchos no nos damos cuenta de que tenemos este hábito en nosotros, y todos podemos practicar renunciar a la necesidad de tener la última palabra.

Por último, permanecer sentada en silencio con tu pareja, sin que ninguno de los dos diga nada, constituye una especie de meditación. En esta actitud de ser puramente, ninguno de vosotros necesitáis llenar el espacio con palabras o acciones. Este ejercicio es muy especial cuando lo practicas con alguien que amas, pero también es maravilloso practicarlo sola.

Comunicación conflictiva

Aunque hemos abordado los temas de escuchar, hablar y el silencio de forma aislada, cuando los ponemos en práctica se producen de modo intercambiable, dependiendo de la naturaleza y los pormenores de la situación. Las herramientas para una comunicación vulnerable suelen más necesarias cuanto más intensas son las emociones, justamente en los momentos en que nos resulta más complicado mostrarnos abiertos y conscientes de nuestras incipientes habilidades. En nuestra opinión, mejorar nuestra comunicación es un proceso que se prolonga durante toda la vida, no algo que logremos perfeccionar nunca.

Antes de pasar a otro tema, queremos añadir algo sobre el tema del conflicto, porque es ahí donde más necesaria es nuestra comunicación vulnerable. De hecho, los desacuerdos pueden ser muy sanos en una relación, *incluso cuando no podemos resolverlos*. El conflicto constituye una parte natural de toda relación y, como hemos indicado antes, no experimentar muchos conflictos no siempre es señal de que todo va bien en una relación. Incluso cuando no podemos resolver los conflictos, éstos pueden hacer que nos sintamos más unidos dado que la energía de la discusión se transforma mediante la curiosidad, la conexión y la confianza. Para empezar, debemos tomar nota de cómo tratamos a nuestra pareja y a nosotros mismos cuando se plantea un desacuerdo.

Si abordas un desacuerdo desde la postura de «yo tengo razón» y no te paras a escuchar con atención a tu pareja, tendrás problemas. Todos queremos y merecemos que nos escuchen. Algunos de los que estáis leyendo este libro quizá sintáis que vuestra pareja no os escucha, y es posible que tengáis razón; pero a menudo la forma de conseguir que vuestra pareja os escuche con atención consiste en que *vosotros* le prestéis más atención. Cuando lo hagáis, y vuestra pareja compruebe que escucháis atentamente, podéis pedirle que os escuche a vosotros.

Los desacuerdos y los conflictos pueden reforzar una relación si ambas partes están dispuestas a intentarlo sinceramente. Piensa que tus desacuerdos pueden ser una oportunidad para practicar la concienciación y la sanación. Cuando sostengas una conversación tensa, detente un momento y pregúntate: «¿La postura que he asumido en este desacuerdo se basa en ideas domesticadas o viejas heridas? ¿El temor que siento es fruto del desacuerdo? ¿Es un temor razonable o realista?» La lista de temores que redactaste puede serte muy útil aquí.

Los métodos de comunicación que elegimos a menudo son indicativos de la eficacia con que gestionamos un desacuerdo. Si somos capaces de nombrar nuestros temores y necesidades con vulnerabilidad, esto demuestra la voluntad de hallar una solución satisfactoria para ambas partes. A partir de ahí podemos utilizar este conflicto para comunicarnos de modo más profundo. Dejando a un lado la dinámica de poder de «ganar» la discusión o «tener razón», podéis llegar a la conclusión de que esto es simplemente algo en lo que no estáis de acuerdo y concederos el espacio necesario en esta cuestión.

Si nos cerramos, nos ponemos de nuevo a vociferar o montamos el número, o fingimos estar de acuerdo para mantener la paz, sabremos que debemos seguir trabajando este punto conflictivo. En lugar de machacarte cuando te das cuenta de has tomado uno de estos caminos durante un desacuerdo, pregúntate qué parte de tu pensamiento requiere ser investigado y sanado y visualiza qué puedes hacer para mejorar tu capacidad de comunicación la próxima vez.

Por último, queremos recordarte que el hecho de que te comuniques mejor con tu pareja no significa que os vayáis a poner siempre de acuerdo en un tema conflictivo. En tal caso, la mejor alternativa en estas situaciones es que tu pareja y tú «discrepéis respetuosamente», lo que significa que habéis escuchado con atención a vuestra pareja, habéis expresado vuestra verdad y habéis aceptado el punto de vista del otro. Aunque el conflicto no se resuelva, el hecho de someteros a un proceso de comunicación vulnerable elimina buena parte de la aspereza y la energía del conflicto y al mismo tiempo refuerza vuestra relación.

La riqueza de la comunicación

Queremos dejar claro que la comunicación no es sólo una herramienta para solventar problemas, sino también un pincel que ayuda a crear la maravillosa obra de arte que es vuestra relación. A este respecto, compartir una comunicación positiva de forma regular es clave para que tu relación prospere. Decir «Te quiero», «Te comprendo» y «Me siento agradecida de tenerte» añade unas alegres pinceladas al lienzo que compartes con tu pareja.

A veces perdemos la costumbre de decir estas pequeñas frases cariñosas. En tal caso, es muy importante cultivar la creatividad y el espíritu lúdico en vuestra relación. Utilizad pequeños gestos para demostrar el mutuo afecto que os profesáis: escribid notas de amor y dejadlas en el espejo del baño, cread unas palabras en clave o unos emoticonos que podéis textear a lo largo del día, o incluso cantad una canción en una ocasión especial. El amor reside en los detalles y las formas cotidianas con que decimos, gritamos, compartimos y susurramos nuestros sentimientos.

Exploraciones

Sentir curiosidad

Hacer preguntas abiertas, a ti misma y a tu pareja, puede contribuir a que vuestras conversaciones sean más profundas. Recuérdate con delicadeza que tus preguntas no deben contener juicios de valor ni suposiciones y evita las que estén dirigidas a culpar a la otra parte o estén cargadas de connotaciones negativas. Por ejemplo: «¿Por qué haces siempre esto?» puede parecerte válido en el momento, pero también puede colocar a tu pareja a la defensiva.

Ser consciente de la intención con que formulas una pregunta es clave. ¿Te sientes realmente curiosa y abierta a escuchar la respuesta? ¿O piensas que ya conoces la respuesta y quieres dar a tu pareja un escarmiento o demostrarle que tú tienes razón?

La próxima vez que tú y tu pareja discutáis sobre un tema espinoso, trata de obtener más información haciendo estas preguntas:

- ❖ ¿Cómo te sientes en este momento?
- ❖ ¿Qué quieres que suceda a continuación?
- ❖ ¿Qué puedo hacer para ayudar en esta situación?

Este tipo de preguntas pueden ayudaros a ti y a tu pareja cuando las formules con auténtica curiosidad y te muestres abierta cuando escuchas las respuestas.

Decir no

Algunas personas hemos sido tan domesticadas para mostrarnos complacientes que nos cuesta decir no. Si éste es tu caso, este ejercicio puede ayudarte.

En primer lugar, hazte las siguientes preguntas y piensa detenidamente en las respuestas:

❖ ¿Es oportuno que digas no?

❖ ¿Es oportuno que establezcas límites?

❖ ¿Es oportuno que digas cosas que tu pareja no quiere oír?

❖ ¿Puedes hablar sin hacerte responsable de las reacciones de tu pareja?

❖ ¿Puedes hacer todas estas cosas con el corazón abierto?

En un mundo ideal, la respuesta a cada una de estas preguntas sería sí. Si te ha costado responder a alguna de ellas, te animamos a que escribas la respuesta afirmativa a esas preguntas y compruebes si ello te satisface. Empieza cada frase con «soy libre para...» Por ejemplo:

❖ Soy libre para decir no a mi pareja.

❖ Soy libre para establecer límites con mi pareja.

❖ Soy libre para decir cosas que mi pareja quizá no quiera oír.

❖ Soy libre para hablar sin responsabilizarme de las reacciones de mi pareja a mis palabras.

❖ Soy libre para hablar con el corazón abierto.

Observa cómo te sientes después de escribir tus frases afirmativas. Recuerda, estas afirmaciones no contradicen tu deseo de escuchar, permanecer atenta e incluso complacer a tu pareja si con ello te sientes bien; están diseñadas para ayudarte a compartir tu verdad con vulnerabilidad, y esto comporta decir no, crear límites y decir cosas que pueden molestar a tu pareja.

A veces el temor del «no» se disipa con un poco de práctica. Si tu pareja está de acuerdo, podéis practicar juntos este juego para relajar vuestros músculos del «no». Podéis turnaros en pedir al otro que haga cosas descabelladas y responda con una categórica negativa. «¿Quieres comerte un gusano?» «¡No!» «¿Me das un millón de dólares?» «¡Ni hablar!» Quién sabe, quizás obtengas un inesperado sí. «¿Quieres que vayamos a correr alrededor de la manzana?» «¡Sí!»

Desahogo, consejo, compartir

Se trata de un juego muy sencillo para parejas que puede ayudaros a saber cuándo escuchar, hablar o guardar silencio. Tenéis que crear una señal para que tú y tu pareja conozcáis el objetivo de la conversación. Empieza por manifestar tu intención —desahogo, consejo o compartir— para que tu pareja sepa a qué atenerse.

Desahogo. Si uno de nosotros necesita desahogarse y expresar su frustración después de un día complicado, decimos: «¡Desahogo!» La persona dispone de cinco minutos (utilizad la alarma del reloj) para desahogarse con toda la intensidad y el dramatismo que sea posible. Cuando hayan pasado los cinco minutos, nos detenemos y seguimos con el juego.

Consejo. Si queremos que nos aconseje sobre la situación que vamos a compartir, decimos: «¡Consejo!» para que la otra persona tenga tiempo de poner en marcha su cerebro creativo.

Compartir. Si decimos: «¡Compartir!», significa: «¡Estoy muy ilusionada con algo, te invito a que te alegres y lo celebres conmigo!»

Al igual que la mayoría de los juegos, éste requiere dos participantes con ganas de jugar. De modo que después de que digas desahogo, consejo o compartir, la otra persona puede decir «¡Dámelo!» o «¡Ahora no!», que significa: «Ahora mismo no tengo espacio para comunicarme».

La conversación necesaria

¿Hay una conversación que debes tener con tu pareja pero temes iniciar? ¿Puedes fijarte un objetivo y proponerte cumplirlo al cabo de dos semanas? Empieza por responder a las dos preguntas que hemos incluido antes en el capítulo: ¿qué es lo que temo en esta situación? y ¿qué es lo que quiero que suceda ahora?

A continuación, anota los temas principales que deseas compartir. Deja a un lado lo que has escrito durante un par de días y retómalo con mirada renovada. ¿Qué más necesitas compartir con tu pareja acerca de esta situación? Utiliza el plan que te has trazado para mantener una conversación vulnerable con tu pareja sobre este tema.

Practica tus frases iniciales

La forma en que iniciamos una conversación a menudo determina cómo se desarrollará. Cuando empezamos expresándonos con vulnerabilidad, las cosas suelen ir *mucho* mejor. Por consiguiente, podemos seguir el modelo de «Esto es lo

que opino sobre XYZ, porque_____». A continuación incluimos unas frases iniciales para mantener una
conversación vulnerable:

- ❖ Temo sacar a colación este tema porque tengo miedo
  de que me rechaces...
- ❖ Me da apuro hablar de esto porque es algo a lo que
  me he aferrado durante muchos años...
- ❖ Me he dado cuenta de que cuando noto que te dis-
  tancias de mí me enfurezco y te ataco, porque me
  aterra que me abandones...

¿De qué otras formas puedes iniciar una conversación
con vulnerabilidad?

EL SECRETO
NUTRITIVO

7

El secreto de la liberación

Respira. Relájate. Y recuerda que este momento es el único que sabes que tienes con seguridad.

Oprah Winfrey

Queremos empezar esta última lección con una historia:

Un día, un anciano vio a un hombre caminando por el desierto. Invitó al viajero a cenar y pernoctar en su casa. Como es natural, el hombre aceptó encantado la hospitalidad que le ofrecía el anciano.

Sin embargo, mientras el anciano preparaba la cena, comprobó que el viajero sostenía puntos de vista sobre política y religión opuestos a los suyos. El anciano pidió al viajero que se marchara sin ofrecerle siquiera un trozo de pan.

Esa noche, la esposa del anciano le preguntó: «¿Por qué has tratado a tu invitado tan mal?»

El anciano respondió: «Porque se empeñó en contradecir mis opiniones sobre política y Dios».

La mujer dijo: «Pero, esposo mío, yo he soportado tus diferencias de opinión durante ochenta años. ¿No podías haber soportado a ese hombre una noche?»[2]

Como apunta esta divertida historia, uno de los aspectos más complicados de nutrir una relación sana y feliz es paradójico, porque comporta dejar de hacer en lugar de hacer. Es lo que denominamos el secreto de la liberación. En las relaciones que funcionan hay centenares de ocasiones en que debemos ser capaces de liberar o desprendernos de algo, empezando por el comienzo de una relación en ciernes. De hecho, sabemos que para crecer y construir algo nuevo tenemos que liberarnos de, e incluso sufrir, la pérdida de nuestra realidad anterior.

Por ejemplo, iniciamos una relación cuando nos desprendemos de la idea de estar solteros o sin compromiso. En las relaciones monógamas, esto significa dejar de salir con otras posibles parejas. A medida que nuestra relación crece, nos desprendemos de la idea de tener una total independencia, pues ahora estamos comprometidos, al menos a un nivel básico, con otra persona. Al comienzo de una nueva relación solemos renunciar a estas cosas sin mayores problemas porque estamos ilusionados con un nuevo amor.

---

2. Adaptado de «La paciencia de un amigo», en la obra de Todd Outcalt *Candles in the Dark: A Treasury of the World's Most Inspiring Parables* (Hoboken, NJ: John Wiley & Sons, 2002), p. 99.

Las siguientes liberaciones pueden ser más complicadas. Quizá tengamos que hacer un esfuerzo más consciente para liberarnos de cosas como el afán de sentirnos siempre satisfechos, el afán de tener la última palabra y el afán de controlar el comportamiento de nuestra pareja, ya sea abiertamente o por medio de la manipulación. Este tipo de liberaciones, aunque nos cuestan más que las primeras, siguen produciéndose al comienzo de una relación.

Existe otro tipo de liberación que tiene escasa prensa en los libros y los círculos de autoayuda, y que nosotros queremos poner de relieve. Es un tipo liberación especial que puede resumirse en este saludo matutino: «Buenos días, amor mío, ¿quién eres hoy?»

Quizá te digas: «¡Qué pregunta tan rara! ¿Qué tiene eso que ver con liberarse de algo?» Pues bien, comprobarás que la clave para soltar y liberar consiste en mostrar curiosidad por el presente en lugar de aferrarte al pasado. Para nutrir una relación sana y feliz a largo plazo, debemos liberarnos continuamente de la idea de quién ha sido nuestra pareja en el pasado a fin de explorar quién es en la actualidad. Esto comporta liberarnos de toda noción de quién será en el futuro. Aunque al principio estas liberaciones pueden parecer negativas, es una práctica muy positiva que todas las parejas felices llevan a cabo durante su relación, aunque no la denominen así.

Puede que no pienses a menudo en ello, pero lo cierto es que tú, tu pareja y todas las personas en el mundo cambiamos todos los días. A veces estos cambios son triviales, y otras, trascendentales; pero las parejas que gozan de una relación sana y feliz aceptan el cambio constante sin resistirse a él.

Por ejemplo, ¿has mirado alguna vez un álbum de fotos familiares de una pareja que llevan juntos muchos años? En diversos estadios de sus vidas, quizás encuentres un par de fotos en que uno o los dos te parecen irreconocibles. Parece imposible que la persona que conoces sea la misma que esta otra versión, luciendo una ropa distinta o un peinado raro. Cuando la observas más de cerca, tal vez observes que algunos rasgos esenciales no han cambiado, como sus ojos o cierta expresión —en fotos de cuando era bebé—, aunque todo lo demás parece haber cambiado por completo. Esto es análogo a los cambios internos que todos experimentamos a lo largo de nuestra vida. Aunque nuestra esencia intrínseca permanece invariable, gran parte de nuestros rasgos cambian continuamente.

A muchos nos asusta pensar que nuestra pareja está cambiando, porque hemos invertido mucho en la persona que conocemos y queremos que sea: nuestro amor, nuestras esperanzas, nuestra seguridad económica, nuestro bienestar emocional, nuestro concepto de la familia. ¿Cómo podemos conciliar estas cosas con la voluntad de permanecer abiertos al cambio? Para conseguirlo, debemos embarcarnos en ciertos malabarismos interiores. Imagina a un equilibrista sobre la cuerda floja, sosteniendo una larga pértiga, que halla ese espacio preciso con el peso y la longitud de estas fuerzas opuestas. En un extremo están los roles, los deseos, las necesidades y los temores de nuestra pareja y de nosotros, que cambian constantemente, y en el otro, nuestra necesidad de estabilidad dentro de la relación. Del mismo modo que el equilibrista avanza con movimientos fluidos, tú y tu pareja avanzáis a través de un proceso similar de continuo *input* y adaptación, buscando el equilibrio perfecto.

En su libro *Inteligencia erótica*, Esther Perel alude a esta tensión esencial en las relaciones entre el deseo de familiaridad y bienestar (apego) y el deseo de emociones y aventuras (exploración). Cuando empezamos a salir con alguien, ilusionados con una nueva relación, ansiamos estabilidad y un futuro seguro. Pero cuando llevamos largo tiempo en una relación y estamos instalados en nuestras rutinas, anhelamos novedad y misterio. Esto es el *koan*, o la paradoja, de las relaciones: la tensión dinámica entre bienestar y exploración, seguridad y libertad.

Sólo empezamos a satisfacer a ambas partes de la ecuación cuando nos liberamos de la falsa creencia de que nuestra pareja debe ser la misma persona que era ayer o que nosotros seremos la misma persona que éramos ayer. En lugar de esta creencia, debemos aceptar a nuestra pareja y a nosotros mismos como las personas desconocidas que somos hoy. Cuando nos comprometemos con generosidad a liberarnos de estas viejas versiones, confiamos en que la dinámica y los roles que cada uno de nosotros desempeña en la relación cambiará con el tiempo. Si esperamos que nosotros, nuestra pareja o nuestra situación vital permanezca inmutable a lo largo de toda la relación, es que hemos perdido el contacto con la realidad.

La buena noticia es que abrazar este cambio, y hacerlo de buen grado, es lo que mantiene encendido el fuego de tu relación durante muchos años. Cuando te das cuenta de que tú y tu pareja estáis cambiando continuamente, estar juntos se convierte en una constante aventura, al mismo tiempo que zarpáis en busca de nuevas tierras y posibilidades.

De hecho, nosotros pensamos que permanecer en una relación duradera es como navegar por el mar abierto. El tiempo, las mareas y las corrientes cambian constantemente, reclamando nuestra atención y nuestras acciones. Cuando una relación es sana y está bien nutrida nos sentimos seguros, lo que nos permite seguir adelante y afrontar los numerosos (y en ocasiones temibles) retos que nos aguardan en las vastas aguas. No nos agarramos con fuerza a las velas para controlar el viento, porque esto podría hacernos zozobrar. Tampoco dejamos que las velas se agiten violentamente, porque desaprovecharíamos la energía del viento que propulsa la embarcación. En vez de ello, trabajamos juntos en un estado de constante, dinámica y relajada tensión, pendientes de las olas, el viento y las necesidades de la embarcación sin perder de vista el horizonte.

Cuando nos aferramos a una imagen de cómo debería ser nuestra relación, cómo debería ser nuestra pareja o cómo deberíamos ser nosotros, estas imágenes se convierten en anclas que impiden que nuestra embarcación navegue libremente por el mar abierto. A veces el ancla que nos cuesta más soltar es la que insiste en que nuestra pareja debería ser diferente de como es, aquí y ahora.

Piensa un momento en las anclas que hay en tu relación y que debes soltar. ¿Hay algunos aspectos de tu pareja que querrías cambiar o que confías en que cambien? ¿Qué aspectos de tu persona quieres cambiar o confías en que cambien? Estos son los apegos que te impiden navegar con libertad, por lo que te invitamos a que te liberes de este lastre.

La clave en este tipo de liberación consiste en mirar, una y otra vez, a tu pareja, a ti misma y vuestro viaje juntos con los ojos del amor incondicional, porque cada uno de esos apegos es una condición que te has impuesto a ti y a tu pareja.

La sugerencia de mirar con los ojos del amor incondicional quizá te parezca absurda y un tanto vaga, pero es el sistema más concreto de practicar el secreto de la liberación. Lo cierto es que mirar y amar con condiciones genera muchas más complicaciones que mirar y amar incondicionalmente. Al igual que la paradoja que mencionamos al principio de este capítulo, la idea de hacer dejando de hacer, de ver a tu pareja a través del amor incondicional, arranca el velo para que no tengas que esforzarte en crear y mantener unas condiciones. Cuando miras a tu pareja con tu lista mental activada —incluido lo que debería hacer, pensar o sentir—, en ese momento comprendes que te has alejado del amor incondicional. Puede que no sea fácil, pero tienes la opción de mirar a tu pareja a través de los ojos del amor incondicional, sin desear que sea diferente a como es en estos momentos.

Esto no significa que no establezcas límites y, por supuesto, seguirás experimentando las emociones humanas de la tristeza, la ira, el temor y demás. Quizá tengas incluso que decir adiós algunas veces. Pero todo esto puede producirse con el amor incondicional como telón de fondo. Esto es lo maravilloso de ser humanos: tenemos la capacidad de experimentar emociones complejas, algunas positivas y otras negativas, a menudo simultáneamente.

Tal como exploramos en el secreto de la comunicación, la práctica de la liberación mediante el amor incondicional resulta más fácil cuando practicas las otras lecciones para gozar de una relación sana y feliz. De hecho, cada lección en este libro constituye una receta para aprender cómo ofrecer a tu pareja y a ti misma el amor incondicional.

Cuando te comprometes con buscar y seguir a tu voz interior en lugar de a tu juez y a tu víctima interior; cuando concedes libertad a tu pareja para que sea quien es; cuando eres consciente de tus domesticaciones, apegos y traumas pasados, al mismo tiempo que abrazas el deseo de sanar de ellos; y cuando te comprometes a cultivar la alegría en tu relación y comunicar con vulnerabilidad, incorporas el amor incondicional a tu relación a través de tus acciones.

A veces tenemos la sensación de que el amor incondicional es como el santo grial: un objeto inalcanzable que buscamos durante toda la vida y nunca hallamos. Si sostenemos esta creencia, lo buscaremos en lugares erróneos, sin caer en la cuenta de que el amor incondicional no es un sustantivo, sino un verbo. Sientes amor incondicional sólo cuando practicas el acto de amar de forma incondicional.

Cuando eliges amar de forma incondicional a tu pareja tal como es ahora, te alimentas de la energía del amor, y esta energía del amor se transmite a tu pareja. Amar así hace que te sientas bien en tu interior. Muchas personas no son conscientes de esto, pero no te sientes bien porque tu pareja te ame, sino porque tú la amas a ella.

Como una taza que se desborda, sólo puedes ofrecer amor si tienes el suficiente para que te llene. Cuando juzgas a tu pareja, la criticas o deseas que sea diferente, te alimentas de esa energía negativa y bloqueas el sentimiento de amor dentro de ti. Cuando bloqueas el flujo del amor incondicional, estás colocando los cimientos de cualquier problema que puedas experimentar con tu pareja (u otra persona). Mediante la práctica consciente de la liberación, puedes reabrir las compuertas para que el amor incondicional fluya de nuevo.

De esta forma, liberación y amor incondicional van de la mano. En la práctica significa que no deseas que tú o tu pareja seáis distintos de como sois ahora. Es natural que tengas preferencias, pero tus preferencias ya no son exigencias, e incluso cuando tú y tu pareja no estáis de acuerdo en algún tema, le concedes la importancia relativa que tiene en lugar de convertirlo en algo artificialmente significativo. En lugar de disgustarte por algo insignificante que tu pareja dice o hace (como no volver a colocar el tapón en el tubo de pasta dentífrica o expresar una opinión que no compartes), compruebas que estas cosas ya no te irritan tanto. De hecho, quizá te rías y veas eso que no te gusta como una característica entrañable de tu pareja.

Cuando tú y tu pareja discutís sobre algo importante, compruebas que estás más receptiva a hallar una solución creativa y eres capaz de expresar lo que sientes con vulnerabilidad.

Por último, cuando nos liberamos de depender del amor condicional, dejamos de interactuar con una versión imaginaria de alguien que amamos. Si nuestra pareja ejerce su libertad de una forma en que preferiríamos que no lo hiciera pero sabemos que es lo que le conviene, debemos preguntarnos: «¿Por qué es mejor esto para mí que lo que yo quería al principio?» Es una pregunta difícil de plantearnos en algunos casos, pero significa que buscamos el beneficio oculto de la situación y liberamos a nuestra pareja para que siga su propio camino.

Cuando la persona que amamos pasa por momentos duros o se comporta de una forma que no nos gusta, solemos tratar de solventar sus problemas y ofrecerle la ayuda que *nosotros* creemos que necesita. Este tipo de pensamiento puede bloquear la presencia y la creatividad que requiere sentarnos en el barro con la persona que amamos, ofrecerle nuestro amor incondicional y tratar de descifrar juntos qué conviene y qué no conviene hacer. Recuerda, no podemos cambiar a otra persona. Sólo podemos cambiar nosotros.

Como te dirá cualquiera que haya mantenido una larga relación, a veces uno tiene la impresión de que la relación «exige un gran esfuerzo». Pero he aquí otra paradoja: amar incondicionalmente es el modo más sencillo y agradable de realizar el esfuerzo que requiere una relación; somos nosotros quienes lo complicamos aferrándonos a nuestros apegos en lugar de liberarnos de ellos.

A un nivel más profundo, no existe un tú o tu pareja, no existe una HeatherAsh o un Miguel, todos formamos parte de Una Vida que se manifiesta en su forma. Esta profunda verdad reside en la mayoría de las tradiciones espirituales: todo lo que haces a otra persona te lo haces también a ti. Las relaciones íntimas nos invitan a esforzarnos en aceptar esta verdad y liberarnos de cualquier resentimiento que sintamos contra nuestra pareja, porque al mismo tiempo nos liberamos nosotros.

Confianza y liberación

La confianza es el motor que pone en marcha una liberación efectiva. Una simple definición de la confianza es la idea de permitir que algo que es importante para nosotros sea vulnerable a las acciones de otros. Ante una liberación, estamos dispuestos a aceptar cierto grado de vulnerabilidad confiando en que perseguimos el mejor resultado para todas las partes concernidas. La confianza es la base de la auténtica intimidad en una relación, porque el amor prospera allí donde plantamos y cultivamos la confianza,

De hecho, en lo que respecta a confiar en tu pareja, no puedes confiar en que nunca haga ni diga nada que te hiera, que no se muestre insensible o incapaz de comunicar de manera efectiva. Ten la seguridad de que, al igual que tú, tu pareja cometerá errores. Recuerda, no confiamos en que nuestra pareja sea una versión imaginaria perfecta de sí; confiamos en que haga las cosas lo mejor que pueda y aprenda de sus errores. Nosotros haremos otro tanto. Nuestra pareja, al igual que nosotros, merece recibir amor y dar amor.

Cuando confías en ti, te liberas de la idea de que basta confiar en otra persona para sentirte apoyada, porque ahora puedes depender de ti misma. Sabes que confías en ser capaz de hablar con tu pareja si hace algo que te duele, que confías en ser capaz de establecer límites, que confías en ser capaz de pedir lo que necesitas, y que confías en ser capaz de poner fin a la relación en caso necesario.

Si el tema de la confianza representa un problema para ti en tu relación, dedica un tiempo a hablar con tu pareja sobre los acuerdos a que habéis llegado en vuestra relación. Expresa lo que quieres de la relación, lo que te propones hacer y qué deseas aportar a ésta. Di a tu pareja exactamente qué esperas que aporte a la relación, y formula las preguntas que creas oportunas para despejar cualquier duda o confusión. De nuevo, confía en la persona que tu pareja es ahora, con sus defectos y virtudes. Confía en que será la persona que desea ser, y recuerda que debes seguir preguntando: «¿Quién eres hoy?»

La confianza prospera cuando sentimos que nos ven, cuando nos sentimos respetados y queridos. Escuchar profundamente, cultivar la conexión y mantener la presencia en el momento son habilidades que aprendemos. Nadie nace conociéndolas por arte de magia, y todos podemos practicarlas y perfeccionarlas. Cuando comprendemos que podemos ser vulnerables y sinceros y no castigar o juzgar a nuestra pareja cuando ésta hace otro tanto, nuestra armadura se ablanda y permitimos que ambos nos entreguemos más a fondo al proceso de cocrear nuestras vidas. Ofrece estas acciones a tu pareja y pídele que haga lo propio. Así es como se crea el amor incondicional.

Cuando te encuentres en un momento de oscuridad o incertidumbre en una relación, consuélate pensando que la confianza se acrecienta cuando ambos atravesáis juntos momentos duros y lográis superarlos. Las mejores relaciones no se definen por la ausencia de conflictos, decepciones, desavenencias o giros imprevistos. Al igual que las piezas de cerámica, las buenas relaciones pasan por un proceso de «cocción» que las refuerza y embellece. Si compartís vuestra verdad, tratáis a vuestra pareja con compasión, permanecéis presentes en las adversidades y seguís eligiendo el amor, ambos superaréis las situaciones difíciles sintiéndoos más conectados, abiertos y confiando uno en el otro.

La muerte como liberación

La muerte, tanto si es esperada como repentina, forma parte de la vida, y no podemos escapar de ella.

Todas las relaciones, sin excepción, terminan en el mundo de la existencia física. Aunque tú y tu pareja paséis décadas juntos, en algún momento vuestros cuerpos dejarán de funcionar. Ésta es quizás una de las verdades más fundamentales: nuestros cuerpos envejecen cada día que pasa, y todos los cuerpos mueren.

Cuando incorporamos esta realidad a nuestra relación, no con temor, sino sabiendo que cada momento es precioso, podemos preguntarnos: «¿Cómo queremos emplear nuestro tiempo juntos?» Esta realidad es una invitación para que conviertas todos los días que pasas con tu pareja en algo valioso. Si éste fuera tu último día en el planeta, seguramente no te aferrarías a las cosas insignificantes que te irritan o disgustan. Suponemos que procurarías gozar de cada momento de intimidad y vulnerabilidad.

En la tradición tolteca invocamos el ángel de la muerte, no para generar temor, sino como un símbolo que nos recuerda la fragilidad de la vida y el don de poder experimentarla ahora. Con frecuencia, vivimos nuestro día a día fingiendo que nada le ocurrirá nunca a nuestro cuerpo. Esto hace que nos volvamos autocomplacientes, que no valoremos nuestra relación como es debido y pensemos que disponemos de tiempo más que suficiente para hacer lo que deseamos hacer o expresar lo que sentimos a las personas que amamos.

El ángel de la muerte penetra en nuestra conciencia como un amigo y aliado, y nos ayuda a recuperar esa chispa en nuestra vida. Mediante la meditación sobre esta imagen, dejamos de pensar: «Sí, tengo tiempo de sobra», y reconocemos: «En realidad no sé cuánto tiempo tengo. Nadie lo sabe». En cualquier momento, tú o tu pareja podéis desaparecer. Meditar sobre esto beneficia la relación.

El ángel de la muerte nos recuerda que tenemos una opción: podemos vivir cada momento de nuestra relación con temor y tratando de controlar a nuestra pareja, o podemos optar por vivir cada momento a través del poder del amor incondicional y la liberación. Nada es «bueno» o «malo» a menos que nosotros hagamos que lo sea. La situación más difícil puede beneficiar tu relación, y la cosa más insignificante puede dañarla. Aunque no hayamos elegido una determinada situación, podemos elegir nuestra respuesta. Todo muere, y toda muerte ofrece el potencial de una transformación.

Liberar la relación

Por último, en algunas relaciones llega un momento en que una o ambas partes ya no desean seguir juntas. Ninguna prueba o pauta nos indica si ha llegado el momento de poner fin conscientemente a la relación. Sólo existe la posibilidad de elegir, y ninguna elección es acertada o equivocada. Es, simplemente, una elección.

Te aconsejamos que medites detenidamente esta decisión, y al mismo tiempo tengas presente que evitar o postergar el fin de una relación puede causar estancamiento y sufrimiento a ambas partes.

En ocasiones las rupturas son dignas, otras no. Cuando llegas al término de una relación, aún puedes elegir cómo gestionar el final. Puedes aplicar las mismas lecciones destinadas a gozar de una relación sana y feliz para poner fin a una relación que no es sana ni feliz: comprométete contigo misma a liberar a tu pareja, y comunica con vulnerabilidad cuando liberes la relación.

Y recuerda, puedes poner fin a la relación con amor incondicional. Esto puede ser extremadamente difícil, pero te procurará una sensación de radical libertad. Tenemos un amigo cuya esposa le anunció, después de diez años de matrimonio, que quería divorciarse, en parte porque se había enamorado de otra persona. Nuestro amigo se llevó un disgusto tremendo y expuso a su esposa una serie de motivos por los que no debía hacerlo: «Esto destrozará a nuestra familia, hiciste unos votos, conseguiré que cambies de opinión», y muchos más. Pero cuando nuestro amigo analizó sus sentimientos, comprendió que estaba imponiendo todo tipo de condiciones a su esposa para que recibiera su amor. Esto fue muy doloroso para él, pues liberarse de esas ideas equivalía a sufrir una gran pérdida de certidumbre además de afrontar la pérdida de su relación. Pero la afrontó y permaneció abierto a la dolorosa experiencia. Por fin, habló de nuevo con su esposa y le dijo: «Te quiero y deseo que seas feliz, y si prefieres estar con otra persona que conmigo, yo también te lo deseo. Sí, estoy muy triste, pero sé que algo bueno saldrá de esto porque ése es el poder del amor incondicional». Recordamos haber visto a nuestro amigo afrontar con valentía este proceso profundamente doloroso, y nos alegra decir que ahora, al echar la vista atrás, asegura que adoptar esa actitud fue una de las mejores decisiones que ha tomado en su vida.

Por último, queremos recordarte esta sempiterna verdad: cuando una relación termina, crea espacio para que comience otra. Nunca eres demasiado vieja, ni estás demasiado dañada o demasiado (pon lo que consideres pertinente) para experimentar un amor profundo. Puede que tu mente te diga estas cosas de vez en cuando, pero es la voz del juez y de la víctima, no la voz de la verdad. Por lo demás, la relación más importante que tendrás es la que tienes contigo misma. Tú eres la única persona con la que pasarás toda tu vida, de modo que, si no aportas un amor incondicional a tu cuerpo, tu mente y tu espíritu, tu vida puede ser muy ingrata. Esto es así tanto si tienes una pareja como si no.

Exploraciones

Detectar y levar anclas

Hay muchos signos que indican que has echado anclas, impidiendo que el barco de tu relación navegue libremente propulsado por los vientos del cambio. Repasa la siguiente lista y tenla a mano para que, cuando se plantee una de estas situaciones, sepas que ha llegado el momento de aplicar una de las siete lecciones secretas.

Peleas frecuentes o no resueltas. Si experimentas esto en tu relación, incorpora a ella una mayor concienciación y vulnerabilidad. Las peleas frecuentes y no resueltas indican la presencia de un problema más grave debajo de la línea de flotación. Sosiégate y mira dentro de ti para poder identificar la causa. A veces sabemos lo que es y tememos afrontarlo. En otras ocasiones nuestro temor nos impide manifestar nuestra verdad, incluso a nosotros mismos. En tal caso debes armarte de valor para enfrentarte a ti misma y a tu pareja con vulnerabilidad. Recuerda, nuestro objetivo es identificar lo que se oculta en la sombra, afrontar nuestros temores asociados a ello y sacarlo a la luz del día para poder liberarnos de él.

Una o ambas partes se retraen. Si una o ambas partes se retraen (no con el propósito de calmarse y luego regresar), puede significar que esta persona «ha capitulado» respecto a uno o más problemas. Aunque esto puede parecer una «victoria» a corto plazo, cuando una de las partes se retrae y siente que la otra no la escucha ni presta atención se produce una pérdida a largo plazo para la relación en su totalidad. Si notas que te retraes, es el momento de profundizar en tus sentimientos y comunicarlos a tu pareja. Si sientes que tu pareja se retrae, acércate a ella con humildad y benevolencia y pídele que comparta contigo lo que siente. En este caso son importantes las prácticas de escuchar y guardar silencio en vuestra comunicación, aunque no logréis poneros de acuerdo sobre un determinado problema.

No conceder el justo valor a tu pareja. Este sentimiento puede asaltarnos en cualquier relación, haciendo que tú o tu pareja os sintáis minusvalorados. Por este motivo, queremos recomendarte de nuevo el ejercicio de gratitud incluido en la lección sobre libertad (capítulo dos), porque es uno de los ejercicios más potentes que proponemos en este libro. La práctica de la presencia también te ayudará a resolver este problema, pues nada te conecta más estrechamente con tu pareja que el hecho de estar juntos sin las distracciones del trabajo, los teléfonos o Internet, otras personas o cualquier otro factor que pueda distanciaros mentalmente uno del otro. Cuando las parejas están conectadas en una presencia silenciosa, ninguna de las partes se siente minusvalorada.

Criticar o culpar a tu pareja. Las pequeñas críticas o el hecho de culpar a tu pareja, ya sea de vida voz o en tu mente pueden ser pistas para que mires en tu interior y averigües qué es lo que no aceptas de ti misma, de tu pareja o de algún aspecto de vuestra relación. Cuando te des cuenta de que criticas o culpas a tu pareja, recuerda la enseñanza «mi pareja es mi espejo», pues lo que atribuyes a tu pareja a menudo está también en ti. Examina tu sombra y localiza las condiciones que has impuesto sobre tu felicidad, porque este es el primer paso para liberarte de ellas.

Actitud defensiva. Cuando adoptas una actitud defensiva a propósito de un comentario de tu pareja acerca de tu conducta, a menudo significa que hay una parte de verdad en lo que dice. En lugar de reaccionar a la defensiva, presta atención a tu pareja y averigua si hay algo de verdad en lo que dice, aunque no tenga toda la razón.

Consultar con un terapeuta profesional

Las parejas nos preguntan con frecuencia si deben consultar con un terapeuta profesional para resolver los problemas en su relación. Aunque la decisión sobre si es útil o necesario depende de cada pareja, queremos compartir unas pautas sobre cómo elegir a un profesional si decides acudir a uno. Ten presente que ninguno de nosotros somos terapeutas profesionales, de modo que hablamos basándonos en nuestras propias experiencias y las de nuestros estudiantes.

Acuerdo mutuo sobre el terapeuta al que consultar. Elegid a alguien con quien ambos os sintáis a gusto a la hora de exponerle vuestros problemas. Os recomendamos que, cuando concertéis la primera sesión, tú y tu pareja informéis al

210 Los siete secretos de las relaciones sanas y felices

terapeuta que esta primera visita es para comprobar si él o ella os satisface a los dos. Decidle que, después de esta sesión, tú y tu pareja comentaréis qué os ha parecido y le comunicaréis si queréis continuar. Recuerda, si tú o tu pareja no os sentís a gusto con ese profesional, os aconsejamos que acudáis a otro. A veces son necesarios dos o tres intentos hasta dar con al terapeuta que os satisfaga, pero conviene que os deis un margen de tiempo hasta completar este proceso a fin de obtener los máximos beneficios.

Acordar que el profesional sólo os visite juntos. Aunque hay diferentes escuelas de pensamiento al respecto, creemos que es importante que la persona que elijáis os visite sólo a los dos juntos y que no se convierta en el principal consejero tuyo o de tu pareja, dado que esto puede eliminar la capacidad de esa persona de ser neutral. Si tú o tu pareja creéis que debéis consultar también separadamente a un profesional, además de en pareja, es preferible que acudáis a otro terapeuta para que la persona a la que consultéis juntos pueda mantener esa separación.

Todo el mundo tiene sus propias respuestas. Por último, y lo que es más importante, creemos que tú, tu pareja y todo ser humano en este planeta lleva dentro sus propias respuestas. A veces, claro está, nos perdemos o no atinamos a ver la sabiduría que contienen, y el papel de un buen terapeuta es ayudarte a hallar lo que más te conviene. Desconfía de cualquier voz que diga «Debes hacer esto» o «No puedes hacer lo otro».

Recuerda que esta última recomendación es también aplicable a la información que ofrecemos en este libro. Hemos tratado de compartir nuestra experiencia con el fin de ayudarte en tu camino para crear una relación sana y feliz. Pero ten presente que el viaje que tú y tu pareja emprendéis juntos es único, por lo que no cabe ningún «tienes que...» Algunas de las lecciones te gustarán más que otras, lo cual es natural. Como solemos decir, «quédate con lo que te convenga y deja el resto».

Epílogo
Nuestro deseo para ti

Al llegar al final de este libro, deseamos felicitarte por el valeroso viaje que has elegido. Requiere mucho coraje entablar una relación íntima, y tu voluntad de aprender y poner en práctica estas lecciones en tu vida demuestra que tu corazón quiere lo mejor para ti y para tu pareja.

Todas las tradiciones espirituales que existen en este planeta reconocen que las relaciones constituyen una senda de transformación. Mantener una relación íntima con otro ser humano crea pruebas y ofrece dones que jamás experimentarás viviendo sola en un monasterio o en un *ashram*.[3] Te invita de mil formas a liberar tus demandas, deseos y temores a lo largo del tiempo que permaneces junto a tu pareja. Como dice el dramaturgo Tony Kushner, la unión del amor es «la unión de unos sistemas en la que ninguno pierde su singular esplendor y ambos experimentan una total transformación».

Lo mejor es que, cuando se crea un amor incondicional y se expresa en una relación con otra persona, algo nuevo y bello aparece en el mundo. Todos somos artistas, y ésta es

---

3. Un lugar de meditación y enseñanza tanto cultural como espiritual. (*N. de la T.*)

214 Los siete secretos de las relaciones sanas y felices

una parte esencial de nuestro arte: la creación de algo nuevo que no es ninguno de nosotros, y ambos, y glorioso.

Una querida amiga nuestra, Addie, lo describe en estos términos:

> Henos aquí, juntos desde hace 19 años. Nos amamos hasta la médula, más allá de las palabras. Hemos aprendido, a través de ciclos de pérdida y escasez, alegría y aventuras, que nada ni nadie es perfecto. Sufrimos, caemos, y sucumbimos a nuestro temor. Nos comprometemos, todos los días, a estar presentes. Cultivamos la gratitud y la capacidad de escuchar con toda nuestra atención. Nos dedicamos a la creación de lo novedoso en nuestras vidas y nuestro mutuo amor. Procuramos abrazar lo nuevo con delicadeza, para que pueda crecer. Nos buscamos el uno al otro en todas las cosas, y procuramos conocernos mejor en nuestros hermosos reflejos.

Nuestras esperanzas y nuestro deseo para ti es que experimentes en tu relación la misma plenitud que ha descrito nuestra amiga, pero ante todo, deseamos que aprendas las lecciones que presentamos en este libro y las utilices como una guía. Uno de los principios de la tradición tolteca que practicamos es que la mayor sabiduría del universo se halla en cada uno de nosotros. Aunque quizá te sientas perdida, confusa o incapaz de acceder a esas lecciones, ten la certeza de que las llevas dentro de ti.

Aunque hemos denominado estas lecciones «secretas», queremos insistir de nuevo que no tienen nada de secretas.

La sabiduría y la verdad que encierran están en cada uno de nosotros, puesto que somos Una Vida y estamos interconectados en nuestra energía y en la sabiduría universal que compartimos. Nuestra intención no es revelar un «secreto» que no habrías descubierto nunca tú sola, sino ofrecerte una guía, un mapa, una estrella del norte para que te ayude a encontrar el camino de regreso a la sabiduría que hay en ti,

En última instancia, tú eres el capitán de tu embarcación, y aunque quizá te enfrentes a un mar embravecido, tu experiencia, tu sabiduría, tu capacidad y tu voluntad de mostrarte abierta a nuevas ideas, a soluciones creativas y a las recomendaciones de tu oficial de cubierta te permitirán sortear el oleaje y las tormentas sin naufragar. Cuando te dediques a este viaje con tu pareja, recuerda que debes dedicarte también a *ti misma*. Tu voluntad de comprometerte en esta relación contigo misma y también con tu pareja te permitirá cocrear una relación sana y feliz.

Juntos.

Agradecimientos

Miguel

Quiero honrar a mi Hermana de Tinta, mi querida amiga y socia en los talleres y las clases que impartimos, HeatherAsh Amara. Gracias por ser tú, y por cocrear este maravilloso libro conmigo. Tu sol interior brilla con fuerza, ayudando a muchos con tus palabras, y me honro con ser tu Hermano de Tinta. ¡Choca esos cinco!

También quiero honrar a mi Hermano de Tinta, editor y redactor, Randy Davila, y a su maravillosa esposa, Rachel. Gracias, hermano, por ayudarme a cumplir mi sueño, y por unir dos voces en una. Gracias, Rachel, porque tu amor por Randy y tu deseo de procesar este libro con él ha contribuido a darle su corazón.

Quiero honrar a mi amor, mi esposa y mejor amiga, Susan Ruiz. Estos quince últimos años han sido un maravilloso viaje de amor, y he aprendido mucho de ti. No tengo palabras para expresarte mi gratitud por ser el corazón de mi familia. Cada vez que nos abrazamos siento la profunda paz del hogar. ¡Te quiero!

Quiero honrar a mi querida amiga, maestra y socia de trabajo, Kristie Macris. Me has ayudado a traducir mis palabras a un idioma que otros pueden comprender. Quiero honrar a aquellos que han participado en nuestros talleres desde los cuales fue cocreado este libro; vuestras aportaciones y vuestro deseo de compartir con nosotros han dado a este libro su profundidad y relevancia.

Por último, quiero honrar a todos los ángeles a los que he amado. Desde los dulces recuerdos del amor hasta la amargura del desamor, mi corazón y mi alma han sido bendecidos por la experiencia de amaros. ¡Gracias!

HeatherAsh

A todas las mujeres y todos los hombres que he amado con pasión en mi vida; a quienes todavía me aman y quienes me han partido el corazón; a aquellos con los que no tengo ningún contacto y aquellos que se han convertido en mis mejores amigos. Me siento inmensamente agradecida por cada experiencia, por los retos y la belleza. Gracias por enseñarme a comunicar, a amar de forma incondicional, a ser yo misma, a resistir el fuego de la intimidad y ser transformada por el calor. Imaginaos que os miro a los ojos, que os aprieto las manos y digo: «Gracias. Os amo». Sentid mi corazón cuando os envuelvo en un gigantesco abrazo de gratitud por los regalos que me habéis hecho. Os llevo en mi corazón, ahora y siempre.

A todos mis estudiantes, antiguos y actuales, una profunda reverencia por haber emprendido este viaje conmigo. Me enseñáis e inspiráis constantemente y hacéis que me abra a nuevas posibilidades,

A mi querido amigo y hermano en las palabras, don Miguel Jr., y a nuestro editor y domador de palabras, Randy, dos hombres extraordinarios que me han hecho el honor de crear conmigo este libro sobre las relaciones. Sois dos estrellas luminosas en mi vida, gracias por vuestro amor, apoyo y creatividad al hacer que aflore lo mejor en todos nosotros para compartir este importante mensaje sobre sanar y celebrar nuestras relaciones íntimas.

Y a vosotros, queridos lectores y buscadores. Deseo que halléis la sanación, la gracia, la compasión, la sabiduría y el coraje para ser vulnerables con vuestra verdad y vuestros límites. Deseo que os sintáis queridos y apoyados mientras aprendéis a amaros a vosotros mismos y a vuestros seres queridos, de forma incondicional. Seguid amando, aprendiendo, jugando, y recordad: ¡practicad, practicad, practicad!

Sobre los autores

DON MIGUEL RUIZ Jr. es un nagual, un maestro de la transformación tolteca y autor de numerosos libros. Al aunar la sabiduría de las tradiciones de su familia y los conocimientos adquiridos a través de su viaje personal, actualmente ayuda a otros a construir su propia senda hacia la libertad personal. Para más información, visita:

www.miguelruizjr.com

HEATHERASH AMARA, que se crió en el sudeste asiático, aporta una cosmovisión generosa e inclusiva a sus escritos y enseñanzas. Es autora de *Tu diosa guerrera interior: conviértete en la mujer poderosa que llevas dentro*, *El camino de la diosa guerrera: un programa práctico para convertirte en la mujer que quieres ser*, y otros muchos libros. Para más información, visita:

www.heatherashamara.com

ECOSISTEMA DIGITAL